LE COMTE DE SAINT-HÉREM,

OU

MA CINQUANTIÈME ANNÉE,

SUIVI

Des Mémoires de la Comtesse d'Albestrophe, Mère de la Duchesse d'Albany (Charlotte Stuard),

ORNÉ D'UNE GRAVURE;

Par Mme LA C^{sse} A. DE MACHECO.

TOME SECOND.

A PARIS,

Chez { KLEFFER, Libraire, rue d'Enfer-S.-Michel, n° 2 ;
RORET et ROUSSEL, Libraires, rue Pavée-Saint-André-des-Arts, n° 9.

DÉCEMBRE 1820.

MÉMOIRES

DE LA

COMTESSE D'ALBESTROPHE

ÉPITRE DÉDICATOIRE

A MADAME

La Marquise de P......,
née de B......

   Vous qui avez été la confidente, l'amie, la consolatrice de l'infortunée et illustre Charlotte Stuard et de sa malheureuse mère, recevez la dédicace de ces Mémoires, qui sont moins mon ouvrage qu'un hommage rendu par votre fille à l'amie généreuse dont vous fûtes chérie. Vous y retrouverez les confidences touchantes qui vous firent verser autrefois des larmes ; vous y retrouverez le récit des nobles infortunes dont votre tendre amitié allégea si long-temps les douleurs.

L'histoire et la vérité n'avaient ici nul besoin d'ornemens. Lorsqu'on parle de douleur et qu'on y joint le nom de Stuard, on est assuré de trouver de grands malheurs et des vertus plus grandes encore.

Vous qui sûtes apprécier ces vertus, et qui en êtes si digne par celles de votre cœur; qui pleurâtes Charlotte Stuard et qui deviez recueillir les derniers soupirs de sa mère, recevez dans la dédicace de ces Mémoires, un faible hommage que se plaisent à vous rendre tous ceux qui ont le bonheur de vous connaître et de vous aimer. Je me mets au premier rang pour ce sentiment.

MÉMOIRES

DE

la Comtesse d'Albestrophe,

MÈRE DE MADAME

la Duchesse d'Albany

(Charlotte Stuard).

—•—

En 1768, Mademoiselle de B*** se rendit au couvent des Bénédictines de Meaux, dont l'une de ses tantes était abbesse. Elle avait dix-neuf ans à cette époque. Aussitôt après son arrivée, sa tante la conduisit dans les appartemens qu'occupaient Madame la comtesse d'Albestrophe et sa fille.

L'abbesse avait eu soin de prévenir sa nièce chérie que ces deux personnes, sans doute d'un haut rang, étaient sédentaires, peu communicatives, et cachaient, l'on n'en doutait pas, de grandes infortunes et une naissance distinguée.

Elles avaient été reçues dans l'abbaye par ordre du roi, signifié par l'archevêque de Paris, qui avait recommandé, au nom de S. M., les plus grands égards et des respects pour les deux pensionnaires. La communauté s'y conforma; mais il n'en fallait pas tant pour piquer la curiosité, naturellement excitée par ce mystère. Toutes les recherches avaient été vaines. Depuis plusieurs années on y pensait moins, et l'extrême bonté des étrangères les faisait chérir de la maison.

Mademoiselle de B*** fut frappée, en entrant dans la chambre de la comtesse, de l'air de noblesse répandu sur sa fille et sur elle. Cette dernière paraissait avoir trente-trois à trente-quatre ans. Sa taille haute et bien prise, une démarche imposante et cependant grâcieuse, des traits réguliers et agréables, des yeux bleus, petits, mais expressifs et touchans, un teint superbe, malgré son habituelle pâleur, et une physionomie sérieuse et triste, mais douce et pleine de charmes, prévinrent Mademoiselle de B*** : elle le fut encore davantage par l'aimable figure de la jeune personne. Elle paraissait plus jeune qu'elle. La délicatesse, la beauté de ses traits, le coloris de son teint, ses yeux vifs et touchans, la majesté répandue dans son port et ses moindres gestes, lui donnaient en même temps l'air d'une reine ou d'une nymphe. Elle s'exprimait avec élégance en français; mais on sentait que ce n'était pas sa langue, et l'accent fortement prononcé de la comtesse ne faisait pas douter un moment qu'elles ne fussent Anglaises.

Madame d'Albestrophe, qui avait toujours été si retirée et si froide, prit en amitié Mademoiselle Julie de B***. Cette jeune personne était faite pour apprécier et faire éprouver ce sentiment. Une naissance distinguée, une figure intéressante et le caractère le plus parfait furent les qualités qui entraînèrent la mère et plus encore son aimable fille. Élevée dans la retraite, sa jeune âme avait besoin de sentir l'amitié et la confiance. Elle s'y livra toute entière avec cet abandon du premier âge, où l'on sent le besoin d'avoir une amie, une compagne, et où les jeux et les peines se doublent ou s'allègent par l'amitié. Bientôt elle n'eut plus de bonheur qu'auprès de Mademoiselle de B***. Leurs cœurs s'unirent de ces nœuds forts et durables lorsque la vertu et l'estime en sont la base ; de ces nœuds que le bonheur et l'adversité voient toujours les mêmes. Toujours ensemble et chez la comtesse et chez l'abbesse, elles devinrent inséparables, et l'on était sûr, en cherchant ou Mademoiselle de B*** ou la jeune étrangère, de les trouver réunies.

Julie déjà formée et raisonnable, ne faisait à son amie aucune question sur sa naissance, sa patrie, et sur ce qui la retenait à Meaux. Elle en avait bien le désir ; mais retenue par la réserve qu'elle s'était prescrite à cet égard, elle ne la questionnait jamais.

Le comte de B*** vint voir sa fille, et pendant quelques jours elle ne put être aussi constamment avec la jeune comtesse. Après le départ du comte,

Mademoiselle de B*** courut aussitôt chez son amie. Ma chère Charlotte (c'était le nom que lui donnait familièrement sa mère), ma chère Charlotte, que j'ai été heureuse ces derniers jours ! j'ai joui du bonheur d'être avec mon père; mais je t'assure que j'ai senti vivement la privation de n'avoir pu être avec toi que des instans. Viens..... profitons de cette belle soirée ; allons nous promener sur la terrasse, au bord de la Marne. Charlotte, sans répondre, passe son bras sous celui de son amie et la suit en soupirant profondément. Cet état qui ne lui était point ordinaire, étonne Mademoiselle de B***. Ma chère amie, lui dit-elle, quelles idées t'agitent, quelle sombre tristesse ! si tu es malheureuse, ne puis-je adoucir tes peines ? — Elles le sont par ta tendresse, chère Julie.... mais je ne puis m'empêcher de t'avouer que l'idée que tu as vu ton père, qu'il ta serrée dans ses bras, qu'il t'aime, est la seule cause de l'état où tu me vois. — Comment ! — ah ! tu connais ton père, il te chérit, et j'ignore si le mien s'occupe de ma triste existence, s'il me sera jamais permis d'embrasser ses genoux. — Le comte d'Albestrophe existe donc encore ? — Le comte d'Albestrophe......! Julie, ce nom n'est ni le mien, ni celui de mon père. — Chère Charlotte, quel mystère

tère t'environne? — Ah! puis-je ne pas avoir une entière confiance en l'amie, en la sœur que je me suis choisie? Jure de ne jamais révéler le secret, l'important et redoutable secret que je vais te découvrir. — Tu es sûre de mon cœur, de ma tendresse. Je jure par tout ce que je connais de plus sacré, et l'amitié plus encore que mes sermens te répond de ma discrétion. A ces mots, Charlotte se jeta dans les bras de Mademoiselle de B***, l'y pressa long-temps avec expression; puis relevant la tête et lui serrant fortement la main en faisant quelques pas en arrière : Mon amie, ajouta-t-elle plus bas et avec force, tu vois l'héritière de la Grande-

B

Bretagne, la fille unique de Charles-Édouard Stuard. — O Dieu! — Oui, Charlotte Stuard est mon nom. Je suis peut-être destinée à déplorer un jour le sang qui m'a fait naître, à être en butte aux malheurs comme mes nobles aïeux. — O ma princesse! s'écria Julie, avec un mélange de respect et d'étonnement. — Ma princesse?..... Que dis-tu? quelles expressions! crois-le, mon amie; Charlotte Stuard ou Charlotte d'Albestrophe sera toujours la même pour toi. Je n'ai qu'un cœur et tu connais ses sentimens.

Mademoiselle de B*** exprima vivement à la jeune princesse, la reconnaissance que lui inspirait une telle confidence, une amitié si tendre et son respect pour son illustre naissance. Elles cessèrent de parler l'une et l'autre en voyant venir à elles l'abbesse et Madame d'Albestrophe. Peu après l'on rentra au couvent.

Le lendemain matin, la comtesse envoya prier Mademoiselle de B*** à déjeûner, ce qui arrivait souvent. Elle s'y rendit aussitôt. En entrant, l'air sérieux répandu sur les physionomies des deux dames, la frappa. La comtesse se leva lentement, et s'avançant avec dignité vers Julie, prit sa main et lui dit : Mademoiselle, lady Charlotte m'a avoué hier son imprudente confiance. Je l'en ai blâmée et je l'aurais fait plus vivement si je n'eusse connu votre âme et votre raison. Que ma fille soit toujours pour vous Mademoiselle d'Albestrophe; que jamais ce grand nom de Stuard, entouré de tant de malheurs et de gloire, n'échappe de vos lèvres. Je vous le demande en amie, et je vous l'ordonne en reine, puisque vous connaissez mon rang. Mademoiselle de B*** répondit, en baisant la main de la fière comtesse, qu'elle pouvait être sûre de son profond silence comme de son respect. Alors adoucissant le son imposant de sa voix et l'expression de ses traits, la comtesse combla l'amie de sa fille des plus tendres caresses. Vous seule étiez digne, lui dit-elle, d'une entière confiance, et je dois vous l'avouer, l'idée de vous apprendre mon sort et celui de ma fille, m'est venue souvent. J'étais retenue par le serment que j'ai fait; serment qui m'a coûté bien cher!..... Et s'arrêtant à ces mots, la douleur se peignit en traits énergiques dans ses yeux. Après une pause, durant laquelle Charlotte et son amie regardaient avec attendrissement l'infortunée, elle reprit ainsi : Ma fille a rompu le silence qui ne lui était pas prescrit comme à moi; mais si elle vous a appris son nom, il me reste à vous faire connaître mon histoire et sa naissance. j'aimerai à décrire les peines de ce cœur si long-temps fermé, si long-temps ulcéré;

à épancher ma douleur dans l'âme vertueuse et tendre, digne de pleurer avec l'épouse du plus malheureux des hommes et des rois.

Ma chère Julie, le 10 décembre prochain, je vous lirai l'écrit dans lequel j'ai retracé mon histoire. Le 10 décembre, jour qui me rappelle et le bonheur et tous les chagrins de ma vie, vous en connaîtrez comme moi les tristes détails. Sans attendre les remercîmens de Julie, ni les caresses que sa fille voulait lui prodiguer pour adoucir ses souvenirs, elle leur fit signe de l'attendre, et s'enferma une heure entière dans son cabinet.

Ma mère passe ainsi tous les anniversaires de ce 10 décembre dont elle t'a parlé, reprit Charlotte qui avait suivi des yeux la comtesse. Souvent dans la journée, elle s'y retire pour pleurer. Je n'y suis jamais admise. Jusqu'ici elle m'a même trouvée trop jeune pour me confier le récit de ses malheurs. Je les apprendrai avec toi. J'ignore pourquoi elle me les a cachés si long-temps. L'infortune et la retraite mûrissent l'âme, et si j'étais dans le palais de mes pères, je n'aurais peut-être ni les mêmes sentimens, ni une raison aussi précoce; je ne posséderais pas une amie telle que toi. Ce fut en conversant ainsi que s'écoula le temps de retraite de la comtesse. Elle reparut. On voyait ses yeux encore humides des larmes qu'ils avaient répandues. Le déjeûner fut amical et silencieux.

Mademoiselle de B***, malgré l'intimité de ses illustres amies, éprouvait avec elles une sorte de timidité qui tenait à l'idée du rang qu'elles auraient dû occuper, et même à la délicatesse. Celui qui n'est pas respectueux avec les grands, n'apprécie point la véritable grandeur; non celle que les hommes ont attachée à la richesse et aux honneurs (celle-là ne fut point la première). C'est à celle que donnent la vertu, la bravoure, que s'adressèrent les premiers hommages. Les descendans de ces hommes vertueux les méritèrent ensuite tant par eux, que par les souvenirs qui s'attachèrent aux noms de leurs aïeux. Lorsque l'on aime une personne douée de qualités précieuses, mais dont on ignore la naissance, si son nom, lorsque vous l'apprenez, vous rappelle Montmorency, La Tremouille, Saint Louis, Henri IV ou les *Stuard*, si connus par leurs infortunes, un sentiment respectueux se joint à celui que l'on éprouvait. Ceux dont elle tient l'existence, semblent apparaître autour d'elle avec leur gloire, leurs vertus, pour agrandir les siennes propres, ou du moins lui prêter une magique réverbération : voilà la vraie noblesse.

Des aïeux vertueux nous laissèrent un nom qu'ils illustrèrent, puisque leur siècle les loua et leur souverain les récompensa par des grâces qu'ils nous ont transmises avec l'obligation de suivre leurs traces et d'être ce qu'ils furent. L'auteur des Maximes (*) dit : *Les grands noms abaissent ceux qui ne savent pas les soutenir.* Rien n'est plus vrai ; et la dégradation morale est arrivée lorsque le vice les a souillés, comme aussi la noblesse primitive entoure de sa splendeur celui qui vient de se couvrir de gloire, même lorsqu'il serait né dans les derniers rangs de la

---

(*) La Rochefoucault.

société. Celui qui sauve sa patrie ou son roi, n'est-il pas noble? et ses descendans, lors même que leur père n'eût pas été ennobli par *lettres enregistrées*, ne s'honorent-ils pas, dans la suite des temps, de porter ce nom qu'un souvenir héroïque rend précieux? comme ceux dont les descendans comptent un criminel célèbre, rougissent de se nommer.

Toutes les personnes qui en France portaient le nom de *Damien*, sans avoir rien de commun avec ce régicide, le changèrent après le forfait qui le fit connaître. Le nom de *Robespierre* était, m'a-t-on dit, *Damien*, et ils étaient parens. Il est des familles fatales à leur pays !

Peu à peu Mademoiselle de B*** reprit sa familiarité habituelle avec Mesdames d'Albestrophe. Leur amitié semblait devenir plus vive par l'intime confiance qu'elles avaient en elle. Les égards et les respects involontaires qu'elle leur rendait, contribuaient aussi à les toucher, en faisant ressortir toute la beauté de l'âme de Julie. Charlotte et elle comptaient tous les jours qui devaient s'écouler jusqu'au 10 décembre. On était à la fin de novembre, et les deux amies regardaient avec autant de joie les feuilles tomber et se flétrir, qu'elles en avaient ordinairement à les voir renaître.

La comtesse ne disait rien qui eût

eût rapport à ses promesses; mais elle passait souvent des heures entières à son secrétaire, et sa fille avait vu qu'elle traduisait un manuscrit anglais, de son écriture, en langue française, la seule que connût Mademoiselle de B***. Elle présumait que ce pouvait être l'écrit dont elle avait parlé.

Enfin, l'aurore du 10 décembre si désiré, parut. Le matin, Julie descendit dans l'appartement des illustres étrangères : elles étaient dans le cabinet de la comtesse.

Charlotte vint au-devant de son amie, et, sans parler, la conduisit vers sa mère, qui était vêtue d'une robe *feuille-morte* (*) : costume qu'elle paraissait avoir adopté. Près d'elle, sur une chiffonnière, étaient un écrin et une boîte à portrait. Ma chère B***, dit la comtesse, en l'embrassant et lui serrant la main, vous êtes impatiente, je le vois, d'entendre mon récit; mais moins encore que Charlotte, qui n'en connaît que quelques particularités. Je n'ai pas voulu les lui confier entièrement dans son enfance. Elle y aurait peut-être puisé des sentimens peu convenables à la noblesse que doit avoir l'âme d'une personne de son rang, qui ne doit rien ressentir que de grand et

---

(*) Madame d'Albestrophe était toujours vêtue ainsi, ou de noir.

de généreux. Le roi, mon beau-père, n'ayant pas toujours eu pour mon époux et pour moi les sentimens d'un père, Charlotte a dû l'ignorer jusqu'au moment où la raison a assez formé son cœur pour qu'il ne puisse contracter des sentimens pénibles et dangereux. Après ces mots, elle prit la boîte à portrait, l'ouvrit : un côté représentait un beau jeune homme vêtu de l'habit bigarré des montagnards écossais. Sa figure était belle et caractérisée; ses yeux, bleus et vifs; des cheveux d'un blond un peu doré; un air martial et plein de noblesse, et cette espèce de caractère de tête qu'il semble que la nature ait destiné aux héros, par l'expression prononcée de grandeur qui y est imprimée. La comtesse le posa sur ses lèvres, en soupirant profondément. Des pleurs coulaient involontairement des grands yeux de Charlotte, qui étaient fixés avec tendresse sur cette image. Mademoiselle de B*** la contemplait avec respect, en gardant un morne silence. L'autre portrait était celui d'un vieillard vénérable, revêtu des mêmes habits que le jeune homme; sa tête était ombragée de cheveux blancs; ses regards lançaient encore les traits du courage et du génie sous les glaces de l'âge. La comtesse laissa tomber quelques larmes en le considérant, et après un moment de silence, prenant son manuscrit, elle lut ce qui suit :

Mémoires de la Comtesse d'Albestrophe.

Je suis née à Finary dans le Morven, au nord-ouest de l'Écosse, dans ce pays si attaché à ses rois, si dévoué à cette antique maison des Stuard, dont le nom atteste la noblesse, puisqu'il est celui de la charge de sénéchal, qui s'était identifiée avec cette famille avant qu'elle vint se placer sur le trône. Cinq de ses rois ont péri de mort violente; et la belle, la charmante Marie, héritière de leur couronne et de leur funeste destinée, montra au monde étonné une infortune inouïe jusque-là.

Une reine mise à mort par ordre de sa parente et de sa rivale, le fils de Marie vint commander à ce même royaume où sa mère avait trouvé la mort; et la fière Écosse donna des rois à l'Angleterre. Mais ces peuples ingrats firent repentir nos princes d'avoir accepté leur dangereuse couronne. Jacques I.er meurt en paix; son fils périt sur l'échafaud; l'Écosse eut alors des repentirs et des remords à éprouver. Liée à l'Angleterre, elle prit ses principes (*), et son roi ne trouva pas en elle les secours et la fidélité

(*) La comtesse d'Albestrophe, dont le père avait péri en Angleterre, n'aimait point cette nation. Cette prévention était d'ailleurs générale chez les Jacobites écossais.

qu'il devait en attendre. Le caractère écossais est fier, indépendant, aimant; il tient peu à la fortune : l'aridité du sol qu'il cultive, l'âpreté de son climat l'endurcissent aux fatigues, aux privations. Ils savent se contenter de peu, et leur âme s'agrandit dans l'infortune. Ils sont braves, impétueux, sensibles aux bons traitemens et aux paroles gracieuses, comme si leur rusticité était, pour ainsi dire, charmée de trouver une vertu dont ils ont peu d'idée. L'Écossais est passionné; il connaît dans toute son énergie l'amour et l'amitié. L'enthousiasme dont il est susceptible pour le bien et le mal, fait qu'on lui résiste difficilement. Qui croirait qu'avec tant de qualités, les guerres de religion le dénaturèrent? Il devint sombre, fanatique, cruel, et les descendans de Charles Ier furent aimés des Écossais, mais sans dévouement. Ils virent Jacques II s'expatrier, sans rien faire pour l'en empêcher. Ce prince professait une religion qui leur était devenue odieuse, étant presque tous presbytériens zélés, et le roi catholique romain.

Mais après la mort de la reine Anne, qui était née Stuard et du sang de leurs anciens rois, ces fiers insulaires virent avec une extrême douleur une autre maison venir se placer sur le trône de leurs vrais maîtres, Jacques III errant dans cette France, de tout temps le noble refuge des princes malheureux; lorsqu'ils se virent sous une domination étrangère, eux qui n'avaient jamais obéi qu'à des rois de leur nation, ils se souvinrent que ces mêmes princes existaient encore, qu'ils leur devaient amour et dévouement. Ils désirèrent surtout sortir de l'esclavage où ils se croyaient près à être réduits comme les peuples de la belle et triste Irlande, qui gémit depuis tant de siècles, opprimée par les Anglais.

L'Écossais, s'éveillant de sa léthargie, sent se rallumer dans son cœur son attachement pour les Stuard et la liberté. En 1715, Jacques III tente une infructueuse et malheureuse expédition qui n'aboutit qu'à faire périr sur l'échafaud plusieurs de ses partisans. Si les martyrs affermissent les religions nouvelles et leur créent des prosélytes, il en est de même pour une cause sacrée, celle de son roi, de la patrie et de l'honneur. On avait proscrit, dépouillé, mis à mort les Écossais fidèles, et il n'y en eut jamais davantage qu'après ces barbares exécutions.

L'Écosse des montagnes est divisée depuis un temps immémorial en tribus, que l'on nomme *claus*; nom qui veut dire *réuni sous un chef*. Ce chef est un laid ou lord, respecté à l'égal d'une divinité, et pouvant tout sur ceux qui ne voient rien au-delà du lord. Dans ces habitations rares et pauvres, séparées par des torrens rapides ou des lacs, qui n'ont que peu de communication les unes avec les autres, mais toutes avec la demeure du lord, et les lords entr'eux, les petits souverains de ces peuplades isolées décident de tout, et leur font suivre l'impulsion qu'ils veulent, surtout si dans le cœur des braves montagnards se trouve le germe de ce qu'on veut leur persuader, comme l'amour pour les Stuard et la sauvage liberté dont ils jouissent.

J'ai perdu mon père, très-jeune. Ma mère, fille de lord Loval, vint habiter près de lui et y mourut peu après. J'étais l'aînée de ses enfans, je lui succédai dans le cœur de mon aïeul. Il me chérissait, déposait ses peines et ses pensées dans mon sein.

Souvent, dans son antique château, situé sur un rocher à pic d'un côté, où un torrent s'est creusé un lit parmi des débris de roc, et, plus calme, forme à quelques toises un de ces petits lacs si communs dans le nord de ma patrie, nous voyons venir pour lui demander justice et protection les montagnards du *claus* dont il était le chef, le juge et le père (car les seigneurs avaient une juridiction très-étendue sur leurs vassaux

vassaux) (*). Lorsque j'entendais ce vénérable vieillard, après avoir appaisé leurs dissentions et secouru l'indigence, parler avec ces expressions que dicte l'âme de nos anciens rois, de cette maison des *Stuard*, jetée par le vent de l'adversité loin de sa patrie, je tressaillais, et les montagnards, frappant dans leurs mains et élevant vers l'Éternel leurs yeux étincelans, priaient avec lord Lovat et moi pour ces princes encore si chers.

En s'en retournant, on les entendait chanter quelques fragmens de poésies antiques comme leur patrie, où un vieux poète, dans le lan-

---

(*) Elle leur a été ôtée depuis l'expédition de 1745.

gage erse, à présent particulier aux montagnes, a souvent peint l'infortune, et aveugle comme Homère et Milton, assis sur les bruyères du Morven, ma patrie et la sienne, chantait des vers de douleur qui peuvent encore exprimer les douleurs modernes; car les siècles passent, l'homme passe; la douleur, les larmes et son langage sont les mêmes. C'est le langage du cœur. Ossian l'avait connu, et nous le connaissions à notre tour sur ces mêmes roches du Morven, qui redisaient les regrets des Écossais sur les malheurs de leurs rois, après avoir redit dans leurs cavités profondes les plaintes d'Ossian et de Fingal.

Mon âme naturellement sensible et rêveuse (car tel est le caractère national), mon âme s'ouvrait à cet enthousiasme de l'honneur et de la patrie; je ne rêvais que combats, révolutions. Le nom de Stuard se plaçait de lui-même sur mes lèvres, et sans le vouloir, je le prononçais. Mon aïeul jouissait et animait encore les sentimens qu'il avait fait naître par les siens.

Un soir, c'était dans ces jours de l'hiver où la nuit, éclairée par la lune et les frimats, n'a presque aucun intervalle avec le jour, surtout dans nos âpres et froides montagnes, un soir, dis-je, mon grand-père me prit la main, en me disant à voix basse : Anna, suis-moi.

Habituée à la fatigue, et née sous ce ciel glacé, je ne craignais point l'intempérie des saisons. Nous quittons le château par une porte qui donnait sur le torrent. Nous le franchissons sur un de ces ponts rustiques, formés d'un tronc d'arbre que la mousse et le lierre rendent presque flexible par les rameaux nombreux qui l'entourent.

La neige couvrait la terre; les chemins ne se reconnaissaient que par quelques arbres dépouillés qui les bordent, ou par des sapins pyramidaux placés çà et là. Une brume épaisse nous enveloppait; et la lune qui l'éclairait sans être vue, comme derrière un voile, lui donnait mille formes bizarres que nos pères prenaient pour des apparitions. Nous-mêmes tressaillions en voyant de dessus le rocher ces légères vapeurs errantes dans la plaine; il nous semblait entendre les gémissemens des ombres dans les frémissemens de la bruyère agitée par le vent, tant les premières sensations de la vie, les vieux contes dont on amuse notre enfance, ont encore de force dans l'âge où les lumières de la raison devraient seules nous guider.

Après avoir marché en silence, nous arrivâmes près des rochers qui bordent le lac. Mon aïeul frappa dans ses mains, et deux hommes sortirent des flancs de la montagne, avec des branches de pin résineux allumées.

Nous les suivîmes, en côtoyant quelque temps l'eau glacée; puis tout-à-coup, tournant dans les rochers, nous nous enfonçâmes dans l'une de ces cavernes si connues sous le nom de grottes d'Ossian et de Fingal, que l'on a donné aux plus remarquables. Celle-ci est plus petite et moins célèbre.

En y entrant, nous la trouvâmes occupée par vingt-cinq à trente montagnards, tenant comme nos conducteurs des branches d'arbres enflammées. Le mouvement de ces torches peignait des plus riches couleurs les brillantes stalactites, dont les parois de la caverne sont revêtus; et les habits diaprés des Écossais, leur vêtement pittoresque donnaient à cette scène quelque chose qui tenait de la féerie. Leurs yeux bleus et vifs, leur chevelure blonde, leurs traits énergiques, et ce vieillard respectable, cet homme né dans une classe élevée, que son vêtement et sa noble contenance faisaient distinguer des autres, debout au milieu d'eux dans cette nuit solennelle, n'ayant pour soutien que mon faible bras; que tout cet ensemble, dis-je, était attendrissant et pittoresque! Ce n'était pas sans dessein que lord Lovat m'avait amenée avec lui; il connaissait le pouvoir qu'obtiennent la jeunesse et la beauté sur les âmes les plus sauvages. Il connaissait les hommes; une expérience profonde de quatre-vingts années assurait à cet esprit observateur et ardent l'empire qu'il exerça sur ses concitoyens, et qu'une âme élevée aura toujours dans tous les temps.

Après avoir fixé quelques instans son regard d'aigle sur ceux qui l'environnaient, il croisa ses mains sur sa poitrine et dit avec un accent pénétrant :

« Braves Écossais ! peuple in-
» dompté ! nous gémissons sous le
» joug de l'odieuse Angleterre, nous
» que les Romains ne purent vaincre,
» qu'ils crurent rendre moins redou-
» tables en nous opposant de murs
» épais (*) que notre valeur sut fran-
» chir, et dont quelques pierres restent

(*) Les murs de Sévère et d'Adrien, dont quelques débris existent encore.

» debout pour attester la crainte que
» nous inspirions aux maîtres du
» monde. Nous qui, guidés par nos
» bardes et nos rois, subjugâmes
» l'Irlande et les îles du Nord! Nous,
» libres si long-temps sous des prin-
» ces nés sous le ciel de l'Écosse,
» nous sommes esclaves! Des rois
» appelés d'une terre étrangère à nos
» mœurs, à nos souvenirs, viennent
» avec les jaloux Anglais nous op-
» primer! Grand nom des Stuard!
» souvenir de l'honneur, de la pa-
» trie, ne fera-tu plus palpiter le
» cœur de l'Écossais fidèle? »

La voix de lord Lovat s'éteint; il reste en silence. Ce nom de Stuard avait retenti jusqu'au fond de mon âme. O mon père ! m'écriai-je, ta voix vénérable n'a point parlé en vain ; nos cœurs sont émus, ils rappellent ces rois proscrits mais toujours chers ! A ces paroles, il leva les mains et les yeux au ciel. Sa physionomie inspirée, semble dire qu'il lit dans la nature et l'avenir, par ce privilége qui est attaché à ma nation (*).

Nous le contemplons, nous n'osons interrompre sa rêverie. Dieu, dit-il enfin, ô Dieu ! la voix d'une vierge écossaise serait-elle la tienne ? nous aurait-elle dévoilé ta volonté ?

(*) Sorte de prophétie que les Écossais appellent seconde vue ; opinion reçue même parmi la classe la plus élevée et par des gens très-instruits.

nous serait-il donné de revoir des princes si chéris, de jurer hommage éternel à leurs vertus ? Oui! qu'ils viennent régner sur nous, s'écrièrent unanimement les braves Écossais; qu'ils viennent, ils auront nos bras et nos cœurs. Vive le roi! Dieu sauve le roi! Vive Jacques VII, roi d'Écosse (*), d'Angleterre et d'Irlande ! qu'il règne sur nous! Vive le prince de Galles, Charles-Édouard, repris-je, en mêlant ma voix aux vœux sacrés des montagnards, qui le répétèrent avec enthousiasme.

Les échos des cavernes prolongèrent cet élan patriotique, et y joignant

---

(*) Jacques VII pour l'Écosse, et Jacques III pour l'Angleterre.

leurs sons incertains semblaient des voix surnaturelles et prophétiques, qui se mêlaient à celles des Écossais fidèles. Ce premier mouvement calmé, Lovat reprit avec force :

« Mes amis, mes compatriotes, je
» vous ai réunis ici pour sonder
» vos âmes. Je les trouve d'accord;
» nos désirs sont les mêmes. Brisons
» le joug de l'esclavage, rappelons
» nos rois. Ils sont en France, je le
» sais ; dans cette France, notre
» alliée, qui nous a donné des reines
» et à laquelle nous en avons données.
  » Si ce projet hardi réussit, quelle
» gloire immortelle rejaillira sur l'É-
» cosse! et ce sera à nous qu'elle sera
» due. Nos noms seront gravés en
» traits

» traits de feu dans le livre des sou-
» venirs. Ils seront répétés avec ad-
» miration par l'univers. L'honneur
» seul nous aura guidés. Jurons donc
» de servir jusqu'à la mort une cause
» si juste; jurons-le, par le Dieu de nos
» pères et par la vie de nos enfans ! »

A ces mots, il tire son poignard, et appuyant la main sur son cœur, il s'engagea par un serment solennel. Les montagnards l'imitent; les poignards sont tirés; les bouches jurent énergiquement d'être fidèles jusqu'à la mort. Vous eussiez vu à la lueur des torches, les armes briller dans l'obscurité; vous eussiez entendu ces voix fortes et sonores répéter, après le vieillard en cheveux blancs et la

E

jeune fille à peine à son aurore, la formule sacrée. Mon cœur et mes accens s'unirent à ceux des nobles Écossais. Je jurai de servir ma patrie, d'aimer mon roi jusqu'à la mort. Ah ! qui plus que moi accomplit son serment ?

Nous quittâmes peu après la caverne, l'âme électrisée, et promettant de faire en secret des prosélytes. Milord préparait tout pour une révolution ; depuis plusieurs années c'était sa seule pensée et ses actions tendaient toutes à un si grand but. Sa sagesse, sa prudence avaient mûri dans le silence un projet téméraire, dont il commença pour lors l'exécution.

Il avertit les principaux chefs des *clans* voisins, qu'il préparait de longue main à ses desseins.

Les *Cameron*, les *Lothil*, les *Fraeser*, les *Macdonald* entrèrent avec feu dans ses idées, et ils firent passer en France nos sermens et nos vœux. Les moyens de correspondre avec le prince étaient connus et pratiqués avec succès, depuis quelques années, par mon aïeul. Il possédait cette activité, cet esprit prévoyant, ces dehors imposans et ces accens persuasifs qui font les chefs de parti. Personne ne saisissait avec autant de sagacité, un plan étendu, et n'en embrassait mieux les détails et les inconvéniens. Une expérience réfléchie le rendait capable de cacher, sous l'air de l'indifférence, ses sentimens et son espoir. Le gouvernement, sans défiance, le croyait un bon et aimable vieillard; et ce *bonhomme*, si une fatalité incroyable ne s'attachait aux Stuard et à leur prospérité, aurait été plus que Monk. Il reçut une réponse de celui que nous nommions prince de *Galles*, et que l'Europe appelait *Charles-Édouard* (*), fils du premier prétendant.

Cette réponse énergique et noble lui apprenait que, décidé à tout, il allait s'embarquer à Nantes avec quelques serviteurs dévoués, après avoir

---

(*) On désignait aussi ce prince sous le nom de chevalier de Saint-George.

attendu vainement les secours promis par la France, qui n'avait plus un Louis XIV, si grand, si noble; qui tant de fois donna à Jacques II les moyens de remonter sur un trône d'où sa faiblesse l'avait fait descendre, et où cette même apathie l'empêcha de remonter.

Charles − Édouard s'embarqua à Nantes, le 12 juin 1745, n'ayant qu'une frégate pour escorter la sienne, et ne devant un tel secours qu'à un riche négociant (*). Il aborda après mille périls, à la fin du même mois, dans l'île de *Nord − Wist*, et poursuivant sa route vers le continent de l'Écosse, vint prendre

---

(*) M. Welch, nantais, d'origine irlandaise.

terre à Moidrat dans le Lochabir, non loin du Morven et du château de Lovat. C'était là où l'attendait mon grand-père, qui ne croyait pas son arrivée si prochaine, les dernières dépêches ayant été retardées.

A Moidrat, le prince trouva quelques montagnards sur les côtes, occupés à pêcher. Il les aborde, leur parle dans la langue écossaise, et, avec la plus noble franchise, se fait reconnaître à eux. A ce grand nom de Stuard, ils tombent à ses pieds, les arrosent de larmes; mais s'écrient qu'ils n'ont rien, qu'ils ne peuvent rien pour le fils bien-aimé de leur roi; qu'ils mangent un pain grossier et cultivent une terre ingrate arrosée de leur sueur.

« Eh bien! répond le plus généreux
» des hommes, je mangerai de ce
» pain, je cultiverai cette terre avec
» vous, je partagerai votre pauvreté;
» je vous apporte des armes (*). »

Par un hasard heureux, les lords Macdonald, Cameron et quelques autres étaient à Lovat, lorsque mon père reçut la nouvelle inattendue du débarquement. Ils partirent tous aussitôt pour voler à ses genoux.

Je fus présente à leur départ; je vis l'amour de la gloire briller dans leurs regards; les miens les suivirent. Des larmes de regret les obscurcissaient; mon âme navrée regrettait le sexe timide qui m'empêchait de verser mon

---

(*) Historique.

sang pour ma patrie. Triste et pensive, j'errais dans le château; je touchais les antiques armes qui y étaient suspendues; mon cœur battait avec violence; ma tête s'égarait en pensées diverses; une incertitude vague était mon plus grand tourment. Lentement et comme machinalement, je me revêtis des habits que lord Lovat avait fait faire pour le prince, au cas qu'il dût être caché quelque temps. Ces vêtemens grossiers, semblables à ceux des montagnards, mais plus soignés et mieux faits, s'ajustèrent à ma taille, puisqu'elle avait servi de modèle pour eux. Je ceignis de même les armes qui les accompagnaient, et le léger bouclier. Je fixe les yeux sur une glace; mes longs cheveux flottans peuvent seuls faire connaître mon sexe; bientôt ils ne sont plus; les boucles tombent à mes pieds. Je tressaille; je viens de fixer ma destinée.

Agitée, mais décidée à l'accomplir, j'attends impatiemment le jour. Ses premiers rayons me voyent partir; heureuse de pouvoir combattre pour mon prince, car tels étaient mes plus ardens désirs.

Non loin du château de Lovat, je rencontrai quelques montagnards qui me prirent pour un d'entr'eux; et voyant mes armes, ils me demandent la raison qui me les avaient fait prendre. Je nomme *Charles-Édouard;* je les électrise. L'ardeur qui m'anime, me prête son éloquence. Ils quittent leur ouvrage, s'arment et me suivent.

J'avais dix compagnons, lorsque j'aperçus une troupe assez considérable; je ne doutai pas que ce ne fût celle du prince. Sûr de le reconnaître, j'accourus au milieu d'un groupe. Mon cœur distingua un homme dont la taille n'était pas élevée, mais imposante. Sur ses traits, se peignait un mélange de courage, de noblesse et de douceur. Il parlait avec bonté aux personnes qui l'environnaient. Je me jette à ses genoux : O mon prince! dis-je, en élevant vers lui mes mains et mes regards, recevez mes vœux, mes hommages et ceux de mes braves compagnons. Mon sang est à vous;

je jure de vous servir, de vous suivre partout! Charmé de mes expressions, qui n'étaient pas celles des montagnards, Charles me releva avec bonté. Brave jeune homme, me dit-il, j'accepte vos vœux et vos services, et je vous attache à ma personne en qualité d'écuyer. Comment m'avez-vous reconnu? rien ne me distingue parmi mes Écossais fidèles, que mon amour pour eux. — Mon cœur m'a dit que le plus affable, celui dont le front portait l'empreinte du courage et de la bonté, était le fils de mes rois. Il me présenta sa main, en souriant. Je la pressai sur mes lèvres; il serra la mienne. Cette faveur pénétra mon âme.

Mes compagnons lui furent présentés. Je me mis à leur tête, sans crainte, sachant que mon aïeul devait, pour ne donner aucuns soupçons, continuer sa route vers Édimbourg, après avoir salué S. A. R. et pris ses ordres pour les divers mouvemens dont il était le chef secret. Les autres seigneurs m'avaient trop peu vue pour me reconnaître, déguisée comme je l'étais; et aucun des montagnards n'eût soupçonné lady Anna C........ sous l'habit d'un guerrier.

Les chefs des *clans* qui s'étaient réunis, étaient, comme je l'ai déjà dit, les *Cameron*, les *Lothil*, *Macdonald* et *Fraeser*. Ceux qui avaient accompagné

accompagné le prince, depuis la France, se nommaient *Tullibardine*, frère du duc d'*Athol*, chef de *clans*; *Sullivan*, *Kelly*, *Thomas Sheridan*, *Stiskland* et un autre *Macdonald*.

Nous marchâmes avec notre petite troupe, qu se grossissait à chaque pas, tant ce nom de Stuard a d'empire sur les Écossais. Ceux qui avaient juré avec mon grand-père de servir leur roi, gens déterminés et sûrs, n'étaient pas oisifs. Dispersés dans les *clans*, ils animaient leurs compatriotes et les amenaient aux genoux du prince. Bientôt nous fûmes troiscents. L'étendard royal, formé d'un morceau de taffetas (*), fut déployé.

(*) Historique.

J'étais toujours auprès de S. A. R.; mon service d'écuyer n'était qu'honoraire, car il marchait à pied, vêtu comme nous; on ne le distinguait qu'à son aménité et à sa valeur.

Je m'étais fait nommer *Edwin*, et Edwin était devenu nécessaire à son maître. Il aimait à me répéter que j'étais de tous nos Ecossais celui qui lui était le plus cher. Il était surpris de mon extrême réserve. J'évitais de me trouver seule avec lui, et je ne prenais du repos qu'à des heures différentes des autres, prétextant vouloir garder le prince pendant le sien; ce que je faisais toujours.

Un soir, il s'était assoupi, appuyé contre un arbre, près de l'un des feux; je le regardais, reposant ainsi sur la terre de la patrie. Sa figure calme, et martiale en même temps, avait une expression que rendait plus prononcée la réverbération de la flamme. Edwin, dit-il assez bas, Edwin! Je m'avançai: Seigneur, que voulez-vous? Je m'aperçus que ces paroles lui échappaient dans le sommeil; j'écoute.... Edwin, reprit-il encore, aimable, charmant enfant; je l'aime, oui, je l'aime.... Il cessa de parler. Je me jette à genoux, transportée de bonheur, et je pose ma bouche sur une de ses mains. Un mouvement me fait trembler. Je me relève; je fuis à mon poste. Le prince s'éveille; il appelle un garde qui était plus éloigné que moi ; celui-ci accourt.

Quelqu'un, dit-il, a voulu me parler ; on m'a légèrement touché. Serait-ce quelque brave soldat qui aurait craint de m'approcher durant le jour ? Où est-il ? Que peut-il craindre ? Ne suis-je pas son ami, son père ? On ne découvrit point le prétendu montagnard, et on n'y pensa plus.

Je me laissais dominer par un sentiment que je pouvais encore prendre pour de l'enthousiasme ; je m'y livrais toute entière. L'idée de suivre, de voir ainsi l'objet de toutes mes pensées, était le suprême bonheur pour moi ; je ne voyais rien au-delà. Je ne réfléchissais pas sur le danger de ma position; je ne respirais que pour Charles-Édouard, et je ne croyais point connaître l'amour!

Nous entrâmes dans Fening : là, quinze cents hommes étaient déjà réunis à nous. La France et l'Espagne avaient envoyé quelques secours. Nous marchions en triomphe. Nous eûmes un combat assez vif. Voulant montrer mon dévouement, je m'élançai inconsidérément au milieu d'un bataillon ennemi, composé d'Écossais. On m'entoure, on respecte ma jeunesse, on me crie de me rendre. Voyant leur humanité : Braves Ecossais! m'écriai-je, vous êtes faits pour servir votre roi légitime et non pour vous armer contre lui; vive le roi

Jacques VII ! vive Charles-Édouard ! Ma voix les émeut, ils m'ouvrent leurs rangs, et, par un coup de la providence, leur prisonnier devient leur guide et leur chef (*), et les conduit aux genoux de leur roi.

En me voyant revenir avec ce brillant cortége, le prince vainqueur, et commençant à s'inquiéter sur mon sort, ne fut pas maître d'un premier mouvement, qui dut l'étonner lui-même. Il me pressa long-temps dans ses bras, en me nommant le brave, l'intrépide *Edwin*, et me promit de me garder toujours auprès de sa personne. Délicieuse promesse faite aux

---

(*) Un bataillon entier d'Écossais passa, dans cette guerre, sous les ordres du prince.

montagnards, Edwin, Anna ne vous verra jamais accomplie !.......

Le 15 septembre 1745, nous nous emparâmes de la ville de Perth, capitale du Perth-Sphir, après avoir traversé en conquérans le Badmor et le comté d'Athol.

Là, le magnanime Édouard fut proclamé régent d'Écosse, d'Angleterre et d'Irlande, pour le roi son père; et nous lui renouvelâmes le serment d'inviolable fidélité. Avec quelle ivresse je le prononçai ! Quels sentimens pouvaient être plus vifs que ceux qui m'animaient ! Le prince les lut dans mes regards. Edwin, me dit-il avec bonté, je suis touché de tant de dévouement, je le récompenserai un jour.

— Je ne veux d'autre récompense que celle que je viens d'obtenir. Vous voir content de mes services, y applaudir, ô mon prince! ma seule ambition est satisfaite. — Quelle délicatesse dans les sentimens d'un homme né dans les glaces de l'Écosse! Vous me cachez votre nom, Edwin; vous n'êtes point un montagnard inconnu. Vous seul êtes ce que vous êtes; les autres ne vous ressemblent en rien. Edwin, sois franc; avoue tout, mon jeune ami. Lors même que tes ancêtres seraient célèbres par les maux qu'ils ont pu faire aux miens, n'as-tu pas tout réparé? Nomme-toi, ne crains rien. — Mes aïeux, sans nom, sans fortune, furent toujours fidèles aux vôtres et à l'honneur. — Edwin, tu me trompes, tout te décèle...... — O mon prince ! je vous le demande avec instance ; ne m'interrogez plus. — Quel mystère !........ — Monseigneur, il est pur comme mon cœur....... — Singulière créature ! tu m'étonnes, tu m'émeus. Va, sois ce que tu veux être. Les sentimens que tu m'inspires sont aussi singuliers que ta destinée. Edwin, garde ton secret, mais ne me quitte pas. Je pressai, sans répondre, sa main chérie sur mon cœur, et je m'éloignai.

On venait de lui annoncer le duc de Perth et lord Murray qui, avec de nouvelles troupes, accouraient se ranger sous ses ordres.

Nous nous rendîmes maîtres de Dundée, Dermonde, Neubourg; tout pliait.

S. A. R. voulut marcher sur Édimbourg. On lui objecta que tous les citoyens n'étaient pas pour lui. *Il faut me montrer*, dit-il avec une mâle énergie, *pour les faire déclarer tous* (*). Noble prince, m'écriai-je, emportée par le sentiment qui me maîtrisait, qui peut vous connaître et ne pas tomber à vos pieds? J'accepte cet augure; marchons, reprit-il aussitôt.

En effet, nous le suivîmes. Il était à pied, à notre tête, ne redoutant point la fatigue, ni une nourriture grossière

_____
(*) Historique.

et à peine suffisante. Il nous donnait l'exemple de toutes les vertus et d'une gaîté douce qui semblait présager des succès. L'âme des Henri IV et des Sobieski avait passé dans la sienne, comme leur sang dans ses veines (*).

Le 19, nous nous rendîmes maîtres d'une des portes d'Édimbourg. Mon aïeul agitait secrètement le dedans de la ville. La crainte, l'émotion y étaient extrêmes. Les magistrats se rendirent en présence du prince avec le prévôt nommé *Stevard*. Il demande, d'un air éperdu, ce qu'il faut faire? *Tomber aux genoux de Charles-Édouard et*

(*) Charles-Édouard était arrière-petit-fils d'Henri IV, et petit-fils de Sobieski, sa mère étant née princesse de Pologne.

le reconnaître (*), dit une voix sonore. Elle fut écoutée : il est proclamé. Cette voix était la mienne ; le prince seul peut-être l'avait reconnue

Le soir, dans le palais des rois ses pères, il me revit; car craignant lord Lovat, je m'étais tenue cachée durant le jour. Edwin, je te dois Édimbourg, me dit-il. — O mon prince ! vous ne le devez qu'à vos vertus. — Tu as décidé le prévôt. — Il vous avait vu, Seigneur, et ne pouvait plus balancer. — Pourquoi ne m'as-tu pas accompagné jusqu'au palais ? tu aurais joui du triomphe que je te dois. — Daignez permettre que le temps que vous passerez à

(*) Historique.

Édimbourg

Édimbourg soit pour moi un temps de retraite. Dès que vous en sortirez, Edwin sera à vos côtés. — Je ne veux point que tu me quittes, ne fût-ce que pour un instant; non, je ne le veux point; tu m'es nécessaire. — L'idée d'être loin de vous déchire mon cœur; mais, je vous le demande comme une grâce, ne me refusez pas. — Étonnant mystère! Je le répète, Edwin, qui êtes-vous? — Un sujet fidèle. — Sa voix me charme; je ne le comprends pas...... je voudrais...... je ne puis nier ni avouer...... Allez, Edwin, allez; faites ce que vous désirez; laissez-moi.

Je le quittai. Quelques jours après il se remit en marche pour aller

G.

livrer bataille au général Cope, envoyé par la cour de Londres. Je reparus et je vis la joie éclater dans ses yeux. Je lui baisai la main, il serra la mienne.

Nous atteignîmes l'armée ennemie à Preston. Là, le Prince rangea sa petite troupe en ordre, et tirant son épée, dont il jeta le fourreau loin de lui, *mes amis*, dit-il, *je ne l'y remettrai que lorsque vous serez libres et heureux* (1). Tout plia. Qui pouvait résister à l'ardeur qui nous transportait? nous combattions sous les yeux du héros le plus généreux, et nous combattions pour lui! La victoire était à

(*) Historique.

nous. On amenait de tous côtés des prisonniers. L'un d'eux égaré par un horrible transport, en approchant de S. A. R., tire un poignard, s'élance.... je le vis; plus prompte que l'éclair, je me précipite au-devant de lui et reçois le coup dans mon sein. Le mouvement que j'avais fait, avait été si vif, qu'il étonna le meurtrier et empêcha son bras d'être sûr. La blessure ne fut point dangereuse; mais je m'évanouis dans les bras de Charles-Édouard, qui venait d'ordonner qu'on se saisit du soldat prisonnier, et en même temps rendait la liberté à tous les autres, sur parole, leur nombre étant plus grand que celui de nos troupes.

En revenant à moi, je me vis dans un appartement inconnu, sur un siége près duquel était S. A. R. Sa vue me fit revenir entièrement. Je lève mes faibles bras vers lui, en disant d'une voix à peine articulée : Il est sauvé ! — Sauvé ! et par vous, mon cher Edwin, ajouta-t-il, en me serrant dans ses bras; et s'adressant à un chirurgien : Venez le panser ; voyons si je puis conserver mon ami.

A ces mots, je frémis; mon secret allait être découvert; mes larmes coulèrent. Ah ! Monseigneur, qu'on nous laisse un moment seuls; que je puisse vous parler. Il ordonna aussitôt aux personnes qui étaient présentes de sortir, et s'approchant avec le plus tendre intérêt: Une émotion extrême, dit-il, colore vos traits; tout à l'heure si pâles, qu'avez-vous? Je pris sa main, je la portai avec les miennes à mes yeux, j'y cachai mon front : Prince adoré, dis-je d'un accent à peine intelligible, ce n'est qu'à vous que je puis...... que j'ose découvrir mon secret. — Parle, mon ami, quelle douleur pèse sur ton âme ? — La douleur, les remords me sont inconnus. J'hésite..... je tremble...... A la confusion, à la rougeur qui couvre mes traits,...... ne lisez-vous pas? Abattue, presque sans vie, je ne pus achever et tombai inanimée. Mon sang agité coula de nouveau. Pour l'étancher, le prince dérangea l'habit qui me couvrait, ne voulant pas, comme il me l'a dit depuis, appeler d'étrangers à cette scène.

Grand Dieu ! s'écria-t-il, une femme ! Edwin est une femme !...... Son exclamation me fit rouvrir les yeux. Je les fixai, languissans et couverts de larmes, sur les siens, et les baissai, en disant : Vous savez tout !...

Héroïne charmante, à laquelle je dois la vie, dit-il, en tombant à mes genoux et m'entourant de ses bras, héroïne adorée ! je te voue cette vie que tu as sauvée, que tes grâces embelliront. Mon cœur avait deviné ton sexe, tout m'attirait vers toi. Qui es-tu, ange céleste? Si tu n'es pas un habitant des cieux, quel est ton nom sur la terre ?

Tremblante encore, mais heureuse, je repris : lord Lovat est mon aïeul. — Je devrai donc au père, mon trône, à la fille, mon bonheur et la conservation de mes jours ! Mais il faut que cette blessure soit pansée. On peut se fier à Macker, je suis sûr de lui. Grand Dieu ! conserve-la ! quelle serait mon existence sans elle ? Et, avec une grande anxiété, il alla appeler lui-même le chirurgien, qui apprit et garda avec exactitude cette confidence, mais ne douta pas un moment que je ne fusse la maîtresse de S. A., surtout d'après ses soins et l'ardente inquiétude qu'il fit paraître pour ma guérison.

Il m'avait fait transporter à Édimbourg avec les autres blessés écossais et anglais. Ces derniers reçurent les mêmes soins que nous. Pour moi, j'étais dans le palais, et tous les instans que le prince pouvait dérober à ses affaires, m'étaient consacrés. Combien il m'aimait! Doux épanchement de deux cœurs tendrement unis, quel baume vous étiez pour ma blessure! mais que celle de mon cœur devenait profonde!

Tout présageait un heureux avenir au prince : l'Écosse en partie soumise, des secours récemment arrivés de France avec un envoyé de cette cour, qui avait débarqué à *Montrose*, peu après la victoire de Preston, le 2 octobre 1745. La fermentation était extrême en Angleterre : Georges II venait de mettre à prix la tête du fils des rois; trente mille livres sterlings étaient promises pour ce régicide. Édouard n'y répondit que par la noblesse et la générosité de ses manifestes, où il ne parlait que de clémence, et elle était réellement dans son âme.

Quelles furent mes craintes, lorsque je sus que ma vie ne pouvait peut-être pas le sauver. De vils assassins allaient se disputer la sienne. Malgré mon extrême faiblesse, lorsqu'il quitta Édimbourg, je le suivis. J'en étais séparée pendant le jour, le prince ayant déjà près de lui des personnes désignées comme officiers de sa maison. Mon habit, la singularité des attentions qu'il me prodiguait, la vivacité d'un sentiment plus tendre eussent découvert mon sexe et donné de singuliers soupçons.

J'étais toujours pour l'armée le montagnard écossais, que sa santé dispensait du service d'écuyer; mais le soir, à la clarté des feux, je venais près du prince, et lui ayant sauvé la vie, sa familiarité avec moi n'avait rien d'étrange.

Là, il épanchait son cœur dans le mien; la plus intime confiance était dictée par l'amour; ses craintes, ses espérances, ses projets m'étaient connus. Il se voyait remonter par son courage sur le trône de ses pères; à cette idée, il serrait ma main avec vivacité. Anna, disait-il, ma chère Anna, qui partagea mes dangers, allégea mes peines, partagera aussi mon bonheur.

Malgré l'enivrement où j'étais, malgré mon cœur, je réfléchissais quelquefois sur ma position : elle était dangereuse.

Aimant avec ardeur, étant chérie de même, et par un prince qui réunissait tous les genres de séduction ; au milieu des camps, respectée jusque-là, mais n'étant point d'un rang à aspirer à celui de son épouse, que pouvais-je espérer, sinon un avilissant amour ? et j'aurais dit alors avec Mademoiselle de

Rohan (*) à Henri IV : « Je ne suis pas d'assez bonne maison pour être votre femme; mais de trop bonne pour être jamais votre maîtresse. »

Si je ne voulais pas renoncer à mes principes, je n'avais qu'un seul moyen, la fuite. Fuir celui pour lequel j'avais tout quitté sans le connaître, et qui me retenait près de lui par les sentimens d'un amour mutuel! fuir Charles-Édouard au milieu des périls qui l'environnaient, lorsque je pouvais, comme à Preston, le sauver en donnant ma vie!

(*) Catherine de Rohan répondit à Henri IV les paroles que je cite; et selon d'autres, *qu'elle était trop pauvre pour être sa femme, etc.*; ce qui serait plus naturel; car on sait que la maison de Rohan est alliée à toutes les maisons souveraines d'Europe.

Je l'eusse quitté, s'il avait été dans le palais de ses pères, tranquille et fortuné; mais un héros malheureux avait bien plus de pouvoir sur mon âme. J'étais subjuguée, je n'avais plus d'empire sur moi, et les réflexions que je faisais étaient rares et peu suivies. L'idée de renoncer à la vertu, me faisait frémir; mais je me confiais à l'innocence de mon amour et à la pureté de celui que j'inspirais.

Nous avions déjà passé en Angleterre. Carlile avait ouvert ses portes; Derby, à trente lieues de Londres, venait de se rendre. Nous eussions marché sur Londres même : l'épouvante y régnait. Peut-être une révolution subite allait-elle remettre le sceptre dans les mains des *Stuard*, si des courriers de lord Lovat, resté en Écosse, n'eussent averti S. A. R. que toute retraite allait être coupée en cas d'échec, et qu'il fallait revenir sur ses pas pour combattre : cet avis fut suivi. A Falkir, le 28 janvier 1746, nous remportâmes deux victoires dans le même jour. Mais elles furent le terme des prospérités brillantes et rapides de Charles-Édouard.

Un hiver rigoureux vint augmenter par ses horreurs, celles d'une marche forcée. Édimbourg était repris ; le duc de Cumberland agissait pour le roi Georges II avec une grande fermeté. Il avait à sa disposition l'autorité, des forces et des trésors ; nous n'avions rien de tout cela. Des secours peu considérables arrivaient de France; mais ils n'étaient pas assez réels pour devenir utiles.

Un illustre malheureux trouve des admirateurs et peu de soutien. A la honte des rois, ce n'est pas chez eux qu'il faut chercher des idées généreuses et grandes. La politique rétrécit l'âme et elle est leur boussole, le guide de leurs actions qu'elle égare souvent dans ses tortueux replis (*). Si franchement la France ou l'Espagne avait secouru un prince digne

---

(*) La comtesse d'Albestrophe est censée parler en 1769. Le 31 mars 1814 n'avait pas encore montré un exemple sublime.

de descendre d'Henri IV, il serait remonté au rang fait pour ses vertus. Ce que les rois d'Espagne et de France craignirent de tenter, d'obscurs montagnards, sans argent, presque nus, eurent l'énergie de l'entreprendre, et furent près à le voir réussir.

Je ne quittais plus le prince; ses inquiétudes me le rendaient plus cher. Tranquille et gai avec ses troupes pour ne pas les décourager, avec moi son âme s'ouvrait toute entière. Anna pouvait seule ramener le calme dans ce cœur agité. Il n'était pas abattu, mais il donnait à l'avenir un coup d'œil triste et douloureux, qui ne se vérifia que trop. L'amour pouvait seul alléger de pareilles peines.

Après avoir long-temps parlé de nos craintes, de nos vagues espérances, nous répétions le serment de nous aimer. L'univers disparaissait à nos yeux; les trônes d'Écosse et d'Angleterre étaient oubliés; et un indifférent qui nous eût écouté, aurait cru entendre l'entretien de deux êtres heureux et tranquilles. On a nommé l'amour un prisme magique; oui, il a quelque chose de surnaturel lorsqu'il est encore pur.

Mon aïeul, qui ne s'était point ouvertement déclaré pour son souverain, par les ordres secrets qu'il en avait expressément reçus, et qui, affectant de l'indifférence pour tous les partis, était plus utile au sien, puisqu'il l'éclairait sur la marche des ennemis et leurs intentions, était resté à Édimbourg, où son actif génie préparait une nouvelle révolution.

Nous-avancions vers le nord, poursuivis par l'armée du duc de Cumberland. A Colluden, le 26 avril 1746, se donna cette affreuse bataille qui décida du sort des trois royaumes. Édouard blessé légèrement voit se dissiper, par une terreur panique, toute son armée. Elle fuit en désordre et méconnaît la voix sacrée de son chef et de l'honneur : lui-même est entraîné par les fuyards.

J'étais trop loin de lui pour le suivre dans ces tristes instans : ses traces me servirent de guide. Je passai, comme il l'avait fait, la rivière au-delà d'Inverness. Là, le désespoir saisit mon cœur. Je jetais des regards errans ; je n'apercevais rien. Où est-il ? où pourrai-je le retrouver ?..... Hélas ! je ne craignais ni les fers, ni la mort ; je ne craignais que de ne plus le revoir.

Édouard ! Édouard ! disais-je, égarée par la douleur et marchant sans tenir de route certaine, prête à être enveloppée par les soldats farouches qui cherchaient leur noble proie.

Deux jours et deux nuits, je fus ainsi errante, et, à l'approche de la troisième, je me jetai dans les ruines d'un ancien fort, pour m'y cacher. La lune se leva, et éclairant ces masures, me donna le désir de m'y enfoncer plus avant. J'avançais avec peine, en écartant les ronces et le lierre, et j'attaignais les décombres, lorsque des sons d'une langue qui m'était inconnue vinrent frapper mes oreilles. Ces voix humaines, si rassurantes d'ordinaire, puisqu'on espère trouver des secours en retrouvant des hommes, me glacèrent d'effroi. Je restai sans mouvement, appuyée contre un mur, dont l'avancement me prêtait son ombre.

Les voix approchaient; j'écoutais, palpitante et retenant ma respiration.

Un homme passe sans me voir; il semble chercher quelqu'un. Le bruit de mes pas l'a sans doute alarmé. Un autre, dont l'ombre se prolonge, s'éloigne aussi et se perd dans les ténèbres. La démarche du troisième me fait tressaillir...... Je le fixe; un rayon de la lune me prête sa lumière. O mon prince! dis-je vivement...... et je me précipite près de lui. Anna! mon Anna!...... Et ce moment délicieux où nous nous revîmes, est l'un des plus doux que j'aie éprouvés. Anna, est-ce bien toi? l'amour ne m'abandonne pas, l'amour me fait sentir que mon existence peut avoir encore quelque charme.

En parlant ainsi, il me pressait sur

son sein. Les phrases entrecoupées qui nous échappaient, ce bonheur inespéré, unique comme notre position, ne peut se décrire. Quelques instans s'écoulèrent ainsi.

Plus calmes, le plus tendre des hommes, prenant ma main et la mettant sur son cœur, ajouta : Ma bien-aimée, reçois l'hommage de ma vie, de ma main. Hélas ! c'est tout ce qui me reste, et Charles-Édouard n'a que le nom de Stuard à offrir à la belle et vertueuse Anna, héroïne de l'amour et du malheur. Je suis à toi pour jamais.

Enivrée par ces mots, je n'y répondis que par mes pleurs, et en pressant ses mains royales et chéries sur mon sein. O mon noble et généreux amant! dis-je, je refuse cette main adorée; je ne suis pas digne de la recevoir. Charles-Édouard doit avoir une épouse née comme lui près du trône. Votre Anna gardera dans son cœur le souvenir inéffaçable de cette offre, qui l'élève au-dessus d'elle-même. Elle se dira : J'ai pu lui être unie, j'ai dû préférer sa gloire à mon bonheur et je l'ai fait : cette pensée adoucira mes regrets et mes larmes. — Vous déchirez mon âme, reprit-il avec véhémence. Anna! si la beauté, l'héroïsme, les grâces sont faits pour occuper un trône, qui jamais en fut plus digne que vous?....... Femme adorée, est-ce une couronne que je t'offre ? L'héritier des îles britanniques n'ayant pour abriter sa tête que quelques ruines, ignorant si une mort tragique ne terminera pas ses jours, peut-il te placer sur le trône ? Il n'a plus dans l'univers que son nom, sa main et son cœur : ils sont à toi. Au nom du Ciel qui m'entend, sois mon épouse; rends à celui qui ne croit plus au bonheur, l'espoir de puiser dans les délices de l'amour, une nouvelle existence !

Le prince, à genoux, pressait mes mains dans les siennes; son accent me pénétra. O Dieu ! m'écriai-je, toi qui lis dans mon âme, tu sais que si, dans Windsor, Charles-Édouard
m'eût

m'eût appelée à partager son trône, je l'eusse refusé. Oui, je me sentais capable de renoncer à lui, en le voyant heureux, et de gémir toute la vie; mais dans cet instant, où nous n'avons peut-être l'un et l'autre que peu de jours à exister, j'accepte avec amour, avec reconnaissance ce nom illustre et cher. — Anna, vous êtes donc à moi, pour jamais à moi. O ma bien-aimée! mes malheurs, les ruines qui nous environnent ont perdu toute leur horreur.

Le mouvement qu'il fit pour me presser sur son cœur, rouvrit la blessure qu'il avait au bras, et qui depuis trois jours n'avait pu être soignée. A la vue de ce sang si cher, je poussai un cri d'effroi. — Ce n'est rien, rassure-toi, une blessure légère reçue à *Colluden*........ Ce nom de Colluden nous arracha un profond soupir. Colluden ! répétâmes - nous tous deux à voix basse, et j'étanchai le sang qui coulait encore.

Avez-vous quelques personnes à votre suite, dis-je ? — En passant à la nage la rivière près d'Inverness, j'avais plus de cent officiers. En arrivant ici, nous étions cinq, et à présent je m'y crois seul avec mon Anna. — Seul avec moi ! Grand Dieu ! personne pour vous défendre ! personne pour combattre et mourir pour vous ! — Sullivan et Scheridan étaient ici, lorsque nous avons entendu marcher; ils m'ont quitté pour aller à la découverte. Reviendront-ils? je l'ignore; tant d'autres m'ont quitté ainsi!...... — C'est donc avec eux que je vous ai entendu parler une langue étrangère? — C'était le français; bien sûr que les soldats de Cumberland, qui me cherchent, doivent l'ignorer.

Anna, si nous étions dans les déserts de l'Amérique, nous n'aurions à redouter que les animaux sauvages; ici, tout. Chère amie, à quelle destinée viens-tu de vouer la tienne!...... Où irons-nous? Quelle retraite pourra dérober ta tête charmante à la hache des bourreaux? Ah! l'amour qui double, embellit l'existence, me fera-t-il regretter deux fois la vie ? Je surmontai l'émotion que faisaient naître des idées aussi sinistres.

En nous dirigeant vers le sudouest, dis-je, nous pourrons peut-être gagner les rochers du Morven et le château de Lovat : près des côtes et dans ce lieu désert vous pourriez passer quelques jours. Mais quelle inquiétude déchirante me trouble ? Quoi ! vous n'avez que moi ? vous êtes sans secours !...... En disant ces mots, j'achevai le pansement de sa blessure peu profonde.

Sullivan parut. Le prince fut à lui, et retrouvant un sourire : Celui que nous avons redouté, dit-il, est mon brave Edwin. Où est Scheridan ? — Il me suit, Seigneur. — Je ne puis me plaindre, reprit-il, en serrant nos mains; il me reste encore des amis. Allons, la nuit nous favorise, partons. Edwin a été jadis au château de Lovat, dans le Morven; il pourra y guider nos pas. Le Ciel sera pour nous, il n'abandonnera point un prince infortuné et ses nobles amis.

En l'écoutant s'exprimer ainsi, nous levâmes nos mains vers les cieux pour y implorer toutes les grâces célestes sur un héros si généreux, et nous nous mîmes en marche, nous dirigeant par la position des étoiles et des montagnes, et espérant sauver ainsi celui pour lequel nous aurions tous donné la vie.

Cinq jours se passèrent à errer, sans être sûrs de notre route, tantôt obligés de nous détourner pour éviter les villes ou les soldats du duc de Cumberland, d'autres fois pour passer un torrent ou un lac; vivant de pain d'avoine, nourriture des montagnards, et que nous risquions même à demander; buvant quelques gouttes d'eau-de-vie qui seule nous soutenait, nous fîmes peut-être le double de chemin, ne pouvant marcher que la nuit et passant le jour dans les forêts ou les rochers.

Le soir du sixième jour, je me jetai à genoux, sur la bruyère, pour remercier Dieu. Je venais de découvrir, à travers les sapins, les antiques tours de Lovat. Cette vue nous fit éprouver un vif sentiment de joie : nous nous crûmes sauvés. Je connaissais tous les détours ; je fis passer mes amis sur le pont rustique dont j'ai parlé, et me rappelant la grotte de stalactite où ils pouvaient être en sûreté, je les y conduisis, et rentrai au château, dix mois après l'avoir quitté.

Mes sœurs et les domestiques furent extrêmement surpris de me voir seule et vêtue d'habits différens de ceux de mon sexe. Ils ignoraient ce que j'étais devenue, ainsi que milord dont ils n'avaient aucunes nouvelles, ce qu'ils attribuaient aux troubles de la guerre civile. J'y attribuai aussi mon déguisement, leur annonçai le retour du lord, quoique je n'en eusse aucune certitude, et les priai de ne point lui parler de mon absence, dont il connaissait et était la cause, mais dont le mauvais succès lui donnait de l'humeur. Leur amitié, l'autorité que me donnait mon âge me répondirent du secret.

La nuit, je resortis et volai à la caverne reprendre mes compagnons, que j'introduisis dans le château par la porte du pont. A peine avais-je installé mes nobles hôtes dans la tour, que j'entendis un bruit de chevaux dans les avant-cours, je saisis mes armes; je n'étais plus craintive, l'amour m'avait donné le courage de la lionne pour défendre ses lionceaux. J'avais fait armer précipitamment mes domestiques, et notre marche militaire était éclairée par des torches.

Arrivée dans les cours, je parle avec force, et, habituée aux usages de la guerre, je demande : *Qui va-là ?* Anna, ma fille, c'est moi, répond la voix paternelle et chérie de lord Lovat. A ces mots, je fais ouvrir et m'élance dans ses bras. Il m'y serra long-temps avec expression, et ne voulant rien laisser soupçonner à ceux qui nous entouraient, il se retira avec moi dans sa chambre, prétextant la fatigue et le besoin de repos.

Là, il m'apprit tout ce que je savais peut-être mieux que lui, les prospérités et les désastres du parti royal, et s'écria avec véhémence! Qu'est-il devenu ce prince si digne d'un meilleur sort, errant, proscrit, peut-être dans les fers? Ah! j'ai trop vécu; et des larmes sillonnaient ses joues vénérables. Mon père, suivez-moi, dis-je vivement, suivez-moi. Je l'entraîne dans la partie du château où j'avais caché mon royal amant. En vain il me questionne; j'ouvre avec vivacité, et nous nous trouvons aux pieds de celui pour lequel il craignait des fers et qui méritait le sceptre du monde.

A cette vue inespérée, il tombe à genoux et ne peut s'exprimer que par ses gestes. O mon prince! vous êtes enfin en sûreté, s'écria-t-il, vous êtes chez moi. Si je n'ai pu contribuer à vous rendre le trône de vos pères, du moins la main de ma fille vous a sauvé. — Mon ami, mon père, reprit S. A. R., en le relevant et le serrant dans ses bras, vous pouvez me donner plus qu'un sceptre. Le charme de ma vie est dans vos mains. — Fils de mes rois, mon sang et ce reste de vie qui m'anime, ne m'anime que pour vous servir. — Daignez parler, homme vénérable, lady Anna est votre fille? — Et fille bien chère ! Je te bénis, mon enfant, reprit-il en me fixant; je te bénis. Ton sexe ne peut défendre, mais il peut sauver. Tu honores ma vieillesse; tu m'em-

pêches de périr de regret et de désespoir. — Eh bien! ce prince qu'elle a défendu et sauvé, qui lui doit deux fois la vie, la lui consacre pour jamais. — Monseigneur, que dites-vous? — Qu'Anna est à Charles-Édouard! — Anna!..... et l'expressive physionomie du lord montrait un doute horrible et le combat de l'honneur de son sang et de l'amour de ses rois. — Anna sera l'épouse de mon choix, et je ne veux la recevoir que de votre main. — Elle n'est pas née pour ce titre. — Elle en est digne. — Ce ne sera pas Lovat qui, par une telle union, entachera la gloire de votre vie et de la sienne. — Elle sera à moi. — Non, Seigneur.
Lovat

— Lovat, me reconnaissez-vous pour votre maître ? — Vous n'en pouvez douter. — Eh bien ! j'ai le droit d'ordonner. — Vous pouvez tout sur moi quant à ce qui me regarde, mais rien lorsqu'il s'agit de vous. Ce n'est pas moi qui, par une présomptueuse hardiesse, ose refuser un honneur que je paierais, s'il était possible, de tout mon sang : c'est vous, prince, qui, revenu à des sentimens plus calmes, parlez par ma voix. Quatre-vingts années d'expérience ne sont pas perdues : je connais la force des passions et leur empire; l'amour est éphémère, la beauté peut l'allumer. Il est seul au pouvoir d'une vertu héroïque, de l'ennoblir et d'en prolonger la durée. Si Anna vous eût prouvé et fait sentir un sentiment de ce genre, si elle eût tout quitté, tout bravé pour vous, si vous lui deviez la vie, qu'elle eût exposé la sienne pour sauver la vôtre, si enfin vous la connaissiez depuis long-temps, si son caractère, ses vertus eussent rendu, par leurs charmes, la distance qui vous sépare moins immense, alors elle pourrait être à vous! — Elle m'appartient donc, généreux lord, et de votre aveu : Anna m'a sauvé, a tout quitté pour moi.

Alors, avec l'éloquence de l'amour, le prince raconta tout ce qu'on a lu; mais en me donnant mille douces louanges.

A chaque action de sa fille, l'excellent père levait au ciel des regards de reconnaissance et ses mains pour la bénir. Lorsqu'il entendit que j'avais, au fort auguste, refusé la main d'un amant adoré, il ne se contint plus ; me pressant sur son sein : Mon héroïque Anna, dit-il, mon enfant, quelle consolation, quel orgueil tu répands dans mon cœur !..... et prenant ma main, il la présenta au prince, en disant : Elle est à vous, elle en est digne. O Dieu! bénis ce couple de héros, ajoute à leurs jours ceux qui me restent encore. Que je meure, je n'ai plus rien à désirer sur la terre.

Charles-Edouard me pressa sur son cœur, mes larmes coulaient;

émue, heureuse, je ne pouvais m'exprimer. Le bonheur du prince était aussi vif que le mien, et impatient de m'être uni, il demanda au lord de le nommer son père dès cette même nuit; ce qui était impossible, nul prêtre de notre religion ne pouvant être averti avant la nuit suivante.

Il fut arrêté que ce serait dans la caverne des sermens que notre mariage se célèbrerait, du 4 au 5 mai 1746. Elle arriva cette nuit solennelle, et, accompagnée de mon amant, de milord et de Sullivan, nous nous rendîmes tous, en habit d'homme, à la grotte. Un prêtre, ami de mon enfance, nous y attendait. Il avait allumé quatre torches, qui éclairaient faiblement les parois glacés de la grotte et leur donnaient une teinte bizarre. Un quartier de cristallisation, détaché des murs, servit d'autel. Le prêtre, catholique romain, revêtit ses habits pontificaux qu'il avait apportés avec lui, et commença à voix basse les saintes oraisons. A genoux sur la terre humide, nous faisions l'un et l'autre un échange de vœux mutuels. Mon père, à côté de moi, debout, les bras croisés sur sa poitrine, les yeux mouillés de douces larmes, nous considérait avec ivresse. Sullivan était près du prince.

Quelle solennité! quelle union! l'héritier des îles britanniques dans une grotte sauvage, s'unissant à une femme d'un sang noble, mais qui ne lui était pas destinée, n'ayant pour tous témoins qu'un vieillard au bord de la tombe, un prêtre inconnu et un ami !

Le ministre du ciel dit : Charles-Édouard Stuard, prince de Galles, régent d'Angleterre, de France (*), d'Écosse et d'Irlande, prenez-vous pour votre légitime épouse lady Anna C....., petite-fille de lord Donald-Lovat ? — Oui ! Monsieur, oui, et de toute mon âme ! Je ratifie ici le serment que j'ai fait à milady Anna.

Il prit ma main, y mit un anneau,

(*) Les princes de la maison de Stuard ont conservé ce titre au milieu de la France, où ils étaient exilés, et les rois d'Angleterre ne l'ont quitté qu'à la paix de 1783.

qui y restera jusqu'à la mort, et où sont gravées les armes des trois royaumes. Je fis les mêmes sermens, et mon cœur les renouvelle encore aujourd'hui.

La bénédiction nuptiale donnée, lord Lovat fit signer un papier qu'il avait préparé à cet effet, où le nom de Charles-Édouard se lit à côté du mien, *Anne Stuard*. Les témoins et le prêtre signèrent aussi. J'ai ce précieux papier, daté de la caverne du château de Lovat, le 5 mai 1746.

A peine les cérémonies étaient-elles terminées, que le secrétaire de milord, qui était son confident et que l'on avait mis en sentinelle, vint nous dire que l'on voyait roder des soldats de Cumberland, et que probablement le château allait être investi à la pointe du jour.

A ces mots, mon aïeul prit ma main, et la mettant respectueusement dans celle de S. A. : Elle est à vous, Monseigneur; qu'elle vous suive, ajouta-t-il avec feu; fuyez l'un et l'autre, vous n'êtes plus en sûreté ici. Je vous dis un adieu éternel; j'ai le pressentiment de ma fin prochaine. Mon prince, j'ai consacré mes jours à votre service et à celui de vos pères. Votre aïeul m'a vu fidèle, je le serai toujours.

Je tombai à genoux, mon auguste amant m'imita. — Vieillard vénérable et cher père de mon Anna, bénissez-moi comme elle.

Dans cet instant, les flambeaux résineux étaient près de s'éteindre; ils jetaient une clarté vacillante, qui n'éclairait que par momens la noble figure de Lovat. Il éleva ses mains au-dessus de nos têtes, et avec une expression surnaturelle, il dit : O Dieu de mes pères! bénis par ma bouche ce couple illustre et vertueux; ne permets pas que ce que tu as uni soit jamais désuni; verse sur eux tes célestes bienfaits; guide leurs pas errans; épargne, en les sauvant, des pleurs de sang à l'Écosse et d'éternels remords à l'Angleterre; rends - leur la couronne, si leur grandeur est pour ta gloire.

O prince ! continua-t-il en m'entourant de ses bras et me présentant à lui, soyez le protecteur, le soutien de mon Anna. En lui donnant, par un choix volontaire, votre illustre nom, songez aux droits immuables qu'elle a acquis sur votre cœur. Anna, sois sa consolatrice, son amie; sois la généreuse épouse du plus généreux des hommes. Que rien ne te coûte, lorsque la gloire, le bonheur, la tranquillité de Charles-Édouard seront le prix de tes sacrifices !

En achevant ces paroles, il me serra sur son sein, baisa la main du prince, auquel il traça la route qu'il avait à suivre pour parvenir aux côtes et s'embarquer; et, sans larmes, sans faiblesse, nous quitta pour retourner à Lovat, où le jour même il fut pris et conduit prisonnier à Londres, comme conspirateur.

Nous marchâmes long-temps par des chemins détournés, passant les journées dans les bois, comme nous avions déjà fait en venant au château. Nous manquâmes de quelques jours deux vaisseaux nantais, venus pour secourir S. A. R. Nous nous séparâmes de Sullivan, pour être moins aisés à reconnaître. Nous séjournâmes deux jours dans des marais, passâmes à l'île de Nord-Wich, où le prince avait débarqué, il y avait un an. Il avait alors l'espérance, maintenant elle l'avait abandonné.

Nous errâmes ainsi d'îles en îles, de rochers en rochers, souvent sans nourriture, presque sans vêtement. Dans l'île de Skye, exténués de faim, de fatigue, aux approches de la nuit, nous aperçûmes une maison d'assez belle apparence. Les questions que nous fîmes, nous apprirent qu'elle appartenait à M. K***. Nous nous y présentâmes, et au moment d'entrer, Charles me dit : C'est l'un des plus zélés partisans de la maison d'Hanovre, qui soit en Écosse. Ces mots me firent frémir. Je retins la main du prince. Il lut dans mes regards, mon anxiété. Sans répondre, il s'avança

vança. M. K*** était assis, avec ses deux enfans, dans une salle basse. Mon époux se présente; sa démarche est fière et noble. « Je suis, dit-il, le
» fils de votre roi. Je viens vous
» demander des vêtemens et du pain.
» Vous êtes mon ennemi, je le sais;
» mais j'ai assez de confiance en la
» vertu, pour me fier à elle. Gardez
» ces lambeaux déchirés, vous pour-
» rez me les rapporter un jour dans
» le palais des rois de la Grande-
» Bretagne (*). »

A ces paroles sublimes, M. K*** est aux genoux du prince. Disposez de mon sang et de ma fortune, dit-il avec émotion, en baisant les mains

---

(*) Historique.

L

de Charles-Édouard, et, changé par sa noble confiance, cet homme probe nous rendit de grands services pendant le temps que nous fûmes chez lui et s'exposa à tout pour nous.

Nous repartîmes. Toujours poursuivis, nous revînmes en Écosse, retournâmes dans les îles, déguisés, obligés d'échouer pour éviter des fers. Une foule d'arrestations et d'exécutions nous montraient notre sort. Des comtes, des lords, des personnes de tout rang perdirent la vie. On fit tirer au sort les malheureux soldats écossais et leurs officiers, et tous les vingt-unièmes furent les victimes de la fidélité de leur nation (*).

(*) Historique.

Mon aïeul était arrêté, mais sa conduite avait été tellement mesurée, que l'on n'avait que des soupçons sans certitude. Ils furent tous confirmés par le misérable Murray, secrétaire de mon époux, qui, pour racheter une vie ignominieuse, livra des papiers de la plus haute importance, mais qui compromettaient tant de monde dans les trois royaumes, que l'on n'osa en faire usage, dans la crainte de révolter la fière Angleterre.

Lord Lovat, chef du parti jacobite en Écosse, fut mis en jugement. Se croyant à l'abri, il montra un calme inébranlable et ne voulut rien déclarer. On le condamna à mort, d'après les papiers de Murray; et, le 1.er septembre 1746, cet homme vertueux, que son âge aurait dû faire respecter (il avait quatre-vingt-quatre ans), fut conduit à l'échafaud. Là, on vit une chose unique : un jeune homme qui savait que mon père avait été l'âme du parti royaliste, auquel il était lui-même attaché, demanda à mourir pour lui. Cet homme étonnant était un étudiant en droit, nommé Paimter (*). Il ne connaissait en rien lord Lovat. L'attachement à ses princes légitimes et la vénération qu'inspirent la vieillesse et le malheur, avaient seuls produit ce touchant dévouement.

En vain le peuple, touché de tant

_____
(*) Historique.

de magnanimité, voulut délivrer la victime et Paimter, milord était dangereux, il fut sacrifié. Il monta sur l'échafaud avec une noble audace, en disant d'une voix forte : Vive le roi Jacques III et son digne fils ! *il est doux et honorable de mourir pour la patrie !* et la hache du bourreau termina l'existence de celui qui dut mourir sans remords et sans regrets. Il n'avait pu revoir sur le trône ses rois légitimes ; il mourut pour eux (*) !

O mon père ! qu'elle fut amère la douleur qui déchira mon cœur, en apprenant cette affreuse nouvelle ! Je pleurai dans les bras d'un époux

_____

(*) Historique.

adoré, il mêla ses larmes aux miennes, seule consolation qui put les alléger.

Le 27 septembre, nous trouvâmes enfin, dans le Lochabir, le vaisseau qui nous attendait et allait nous sauver. Nous nous y embarquâmes, accompagnés des regrets de tous les bons montagnards et de leurs tendres vœux. Nous ne vîmes point sans douleur disparaître les côtes de la noble et fidèle Écosse.

Le 10 octobre 1746, nous abordâmes à St.-Pol-de-Léon en Bretagne, avec quelques dévoués serviteurs, échappés à la fureur des Anglais. De-là, nous nous rendîmes à Paris, où était secrètement arrivé le roi

Jacques III, dans le temps où les victoires de son fils avaient fait présager une heureuse issue à son entreprise.

S. A. R. me mit dans une maison séparée de celle qu'il occupait. Craignant ce que l'on pouvait présumer de notre intimité, et voulant pressentir les volontés de son père, au sujet de notre union, dont je portais un gage dans mon sein.

L'hiver se passa tranquillement et délicieusement, puisque l'amour l'embellissait pour nous. Il me semblait, par divers retards et les inquiétudes de mon époux, que le roi ne serait pas facile à gagner pour la déclaration de mon mariage; mais, aimée et prête à être mère, je ne redoutais rien.

Le 25 avril 1747, je donnai le jour à une fille que son père reçut dans ses bras, serra sur son cœur, et la présentant à l'Éternel, il la nomma *Charlotte*. Sa naissance resserra nos nœuds. Je ne vivais que pour le prince et ma fille. Je la nourrissais. Nous ne voyions que Sullivan. Pour ma santé, je faisais de longues promenades en voiture ou à pied, accompagnée presque toujours par l'un d'eux.

Un jour (le 10 décembre), par un temps froid, mais très-beau, j'étais allée aux Champs-Élisées avec Charlotte et une femme de chambre, française, fille d'esprit, qui parlait très-bien anglais, ma voiture est arrêtée. On ordonne au cocher de marcher, *de par le Roi*; je ne compris cet ordre que lorsque Sophie me l'eut expliqué. Alors, effrayée, j'assurai que je n'étais point connue à Paris, et que l'on se méprenait. Êtes-vous milady Anna Lovat (nom que j'avais pris en France)? — Oui, tel est mon nom. — Eh bien! Madame, c'est vous qu'on doit arrêter; et l'ordre de marcher *de par le Roi* fut réitéré et exécuté.

Nous n'arrêtâmes que devant une belle et vaste maison. On me fit descendre, ainsi que Charlotte et

Sophie, et j'entrai dans une chambre, fermée par une grille de fer.

A cette vue, je me crus prisonnière, et je poussai un cri. Sophie me rassura, en m'apprenant que c'était un couvent, et que nous étions dans le parloir intérieur. Je n'avais jamais vu de maison de ce genre, n'étant à Paris que depuis un an, et ne sortant que pour prendre l'air. Ainsi toute ma frayeur se dissipa, espérant en sortir comme j'y étais entrée, et persuadée que j'étais l'objet d'une méprise. L'abbesse entra; elle me reçut avec des respects qui m'étonnèrent, et me proposa de me conduire dans les appartemens qui m'étaient préparés. Ma femme de chambre nous servait d'interprète.

A ces mots : *mes appartemens*, je demandai pourquoi l'on voulait me faire quitter une maison dont j'étais satisfaite, et que d'ailleurs un couvent ne convenait ni à mes goûts, ni à ma position. L'abbesse sourit, et me dit : J'ignore, Madame, à qui j'ai l'honneur de parler, mais par ordre de S. M. le Roi de France, on vous a donné ce couvent pour retraite, avec l'injonction de vous respecter et d'avoir pour vous tous les égards dus à une personne du plus haut rang; mais nous avons la défense expresse de vous laisser parler à qui que ce soit, sans autorisation, et de vous laisser recevoir ou écrire des lettres; du reste, Madame, vous serez assez libre. Les jardins sont très-beaux, nous avons des religieuses et des pensionnaires aimables, et je mettrai tous mes soins à être agréable à milady.

Je la laissai parler long-temps, sans répondre, ni écouter : mon âme était bouleversée, je ne m'arrêtais à rien.

Quelle pouvait être la cause d'une telle détention? O Charles-Édouard! où étais-tu? où te reverrai-je?...... et saisissant ma Charlotte dans mes bras, je me levai égarée.

Madame, m'écriai-je, laissez-moi aller, laissez-moi quitter ces murs odieux!

odieux! J'irai dans cette ville immense, et, inconnue, l'amour me donnera des ailes; je retrouverai mon époux, je lui demanderai justice. S'il le faut, le roi de France, verra mes pleurs, il entendra le récit de mon histoire, il s'attendrira, me laissera ma liberté. Je n'ai rien fait qui puisse m'attirer ce sort affreux. Je suis inconnue dans ce pays, qui me l'est aussi; je n'en connais ni les usages, ni la langue, mais je me ferai entendre. Le langage d'une amante, d'une mère au désespoir sera compris par les âmes sensibles! Au nom du Ciel, Madame, laissez-moi sortir!

Pour toute réponse, l'abbesse qui

M

ne m'entendait point, mais qui voyait mon désir de m'éloigner et le désespoir qui éclatait dans mes traits, prit la clef et me renouvela les offres de me conduire dans les lieux qui m'étaient destinés.

Je retombai sur mon siége et m'abandonnai aux larmes. La nuit devenait obscure, et, vaincue par les instances de Sophie et les pleurs de Charlotte, qui avait besoin de repos, je me laissai conduire dans un bel appartement. Mon étonnement fut extrême, en y trouvant tout ce qui m'appartenait, et même le berceau de ma fille, où je la déposai; et, sans inquiétude, l'ange s'endormit.

J'errais dans cette triste enceinte

je marchais précipitamment, je m'arrêtais, en appuyant mes mains sur mon cœur, qui était prêt à se fendre. J'étais seule ; j'avais renvoyé Sophie, pour me livrer à toute l'horreur de mon désespoir. — Plusieurs heures passées dans cette agitation, m'accablèrent. Je m'assis près d'une table, où brûlaient encore les bougies qui m'éclairaient, et où l'on avait déposé mes bijoux les plus précieux, dons d'un amant, d'un époux chéri que je n'osais accuser de l'état où j'étais. Son portrait se présente à mes regards, un billet y est attaché. Je tressaille...... Mon sang se glace......
Charles-Édouard ! Charles-Édouard !

O ciel ! que vais-je apprendre ?.....
Tremblante, presque inanimée, je développe le papier; il était d'une écriture qui n'était pas la sienne, et la signature me prouva, même avant que de lire, que c'était au roi mon beau-père que je devais attribuer la position où je me trouvais.

Malgré tout ce que cette certitude avait de terrible, mon cœur la reçut avec joie. Je n'étais point trahie, j'étais aimée, tendrement regrettée sans doute. Avec cette douce idée, je pouvais tout supporter. Soulagée du poids de la pensée terrible qui m'accablait, sans que j'osasse me l'avouer, je lus avec calme cette lettre.

*Lettre du roi Jacques III
à lady Anna C......*

Paris, 10 décembre 1747.

« Madame, mon fils a formé avec
» vous des nœuds qui ne peuvent ja-
» mais être regardés comme valides.

» Un homme de son rang dépend
» de son roi; un fils dépend de son
» père. Vous ne reverrez jamais le
» prince de Galles, que vous croyez
» votre époux.

» Si vous êtes généreuse, comme
» j'aime à le croire, vous suivrez
» exactement les ordres que je vous
» transmettrai. Songez, Madame,
» qu'ils sont ceux de votre maître et
» de votre roi.

JACQUES. »

Je restai immobile, regardant cet écrit, qui s'était gravé en traits ineffaçables de douleur dans mon âme.

Charles-Édouard! ô mon époux! il fallait renoncer à vous, à votre amour. Édouard, Charlotte, noms doux et chers, vous déchiriez mon cœur.

Je courus au berceau de ma fille, je l'arrosai de larmes. O Dieu! quel avenir et pour elle et pour moi!

La nuit entière se passa dans des accès de désespoir ou d'un calme plus effrayant encore. Mon lait s'était porté à ma tête, et le matin je fus saisie d'une fièvre violente avec le délire. Je poussais d'horribles cris, j'appelais mon époux, mon père, ma fille; je déplorais mon sort. Des médecins célèbres me donnaient leurs soins, et, après quinze jours de l'état le plus dangereux, je fus rendue à la vie. Charlotte n'était point en âge d'être sevrée; on la soigna avec tant d'attention, que je fus en état de reprendre le doux emploi que la nature m'avait donné, sans qu'elle en souffrit. Ma convalescence se prolongea long-temps, et mon esprit, appesanti par la douleur, pouvait à peine trouver deux pensées suivies.

Après trois mois d'arrestation, on vint me dire que l'on me demandait au parloir. A cette demande, la première de ce genre qui m'eût été faite, je restai interdite. Puis, un éclair de bonheur me pénétrant, j'osai espérer que Charles-Édouard avait découvert ma retraite, et venait me réclamer. Cette idée me rendit mes forces, je m'élançai dans les lieux où j'espérais revoir l'objet de toutes mes pensées. Un tremblement universel me saisit en ouvrant la porte et en voyant, dans l'intérieur même, un homme qui m'était totalement inconnu. Dieu! ce n'est pas lui! dis-je en anglais. — Non, Madame, ce n'est point mon fils. — Se pourrait-il? le roi!...... et presque mourante, je tombai à ses pieds. — Relevez-vous, me dit-il sévèrement sans émotion, et écoutez-moi. A cet ordre, je me tins debout, appuyée contre la grille, prête à tomber sans connaissance. Jacques III s'assit, me regarda long-temps sans parler. J'aurais dû lui inspirer la pitié la plus profonde; mes larmes m'inondaient, sans que j'eusse la force de les retenir. J'étais pâle, comme si la mort m'eût déjà couverte de ses voiles, et ma figure, ma taille n'étaient, pour ainsi dire, que l'ombre de l'Anna de Charles-Edouard.

Après un silence sévère, le roi me dit : Madame, vous vous croyez sans doute l'épouse de mon fils ? — Sire, si je n'eusse cru épouser S. A. R., je ne me serais pas donnée. Mon caractère est fier et vertueux. Je n'étais pas digne du nom de Stuard, mais je ne l'ai point avili. — Un sourire ironique effleura les lèvres du prince.

Il m'anima. Je continuai avec feu : Anne Hyde n'était pas née du même rang que moi ; son père, comme le mien, illustra son nom ; elle devint l'épouse du roi votre père, et son sang a donné deux reines à l'Angleterre (*). — Vous savez rappeler les circonstances et les présenter en votre faveur ; mais Jacques II épousa Anne Hyde, par ordre de son frère Charles II, et non par force, dans les montagnes d'Écosse, pour se créer des

―――――――――――――

(*) La reine Marie II, morte en 1695.
La reine Anne I.re, morte en 1714.

partisans. — Par force !...... Ah ! Sire, si quelqu'un l'employa en cette occasion, ce fut votre noble fils. Il me semble encore l'entendre demander à mon aïeul infortuné, s'il le reconnaissait pour son maître, et lui ordonner de l'unir à cette Anna qu'il aimait, qui lui sauva la vie; à cette Anna qui refusa la main d'un prince adoré, et ne l'accepta que vaincue par les plus pressantes instances. — Je sais ce que je dois à celle qui sauva mon fils, et je m'en acquitte par les égards que j'ai ordonné que l'on ait toujours pour vous. — Que m'importent les respects dont on m'entoure? rendez-moi la liberté de vivre avec celui auquel j'ai consacré mes jours. Je ne vous demande point de ratifier des nœuds qui blessent votre royale fierté; laissez-moi jouir secrètement du titre de son épouse : je le suis aux yeux de la religion et de l'honneur. Que mon enfant ne soit pas marqué du sceau de la réprobation; calme et heureuse, je ne cesserai de vous bénir; et mon époux, je l'atteste, je le jure pour lui, ne vous demandera de bienfait que celui de revoir, de votre aveu, son Anna et sa fille. Ah! Sire, ne soyez pas insensible à mes prières; voyez mes pleurs. Mon amour est-il un crime ? Si j'ai su plaire, m'en punirez-vous? Ne résistez pas à la voix de la pitié. Par tout ce que la terre et le ciel ont de plus sacré,

par

par le sang de mon père, qui coula pour vous, rendez-moi la liberté, le bonheur d'aimer et d'être aimée !

J'étais à genoux, j'embrassais ses pieds, que je baignais de mes larmes : rien ne me coûtait pour obtenir de revoir mon époux et de donner un père à Charlotte.

Le roi resta quelques momens ému. Peut-être, hélas ! s'il n'eût déjà accompli ses affreux desseins, aurait-il changé ; mais il n'était plus temps. Il ne voulait pas avoir à essuyer les reproches de son fils, son mépris et le mien. Il reprit donc : Vous m'attendrissez, Madame, je l'avoue. Je vois que votre âme est généreuse, noble, faite pour les efforts les plus héroïques.

Il me fixait attentivement. Qu'exigez-vous de moi, lui dis-je ? je suis prête à renoncer à tout, hors à l'amour du prince votre fils. — Il vous a aimée, je n'en doute pas; mais croyez-vous l'amour éternel ? — Que veut dire S. M. ? Se pourrait-il !...... — Il n'est que trop vrai qu'après vous avoir regrettée, il a pour une alliance plus brillante......... oublié....... — Il serait marié ! — Non, mais il le sera bientôt. — Je n'ai plus qu'à mourir !......et je restai inanimée.

Le roi, qui voulait achever cette conversation, me prodigua des soins affectueux. Je repris mes sens, sans répandre des pleurs. Oppressée, saisie, je ne tenais plus à l'existence que par le sentiment de ma douleur. Il me prit la main. Écoutez-moi d'une manière plus calme, reprit-il. Hélas ! il ne connaissait ni les passions, ni leurs effets ; il prenait la stupeur où j'étais plongée, pour une résignation dont j'étais bien éloignée. Vous trouverez toujours dans votre roi, ajouta-t-il, votre soutien, votre appui. — Un autre, repris-je avec un accent déchirant, m'avait promis amour, appui, soutien ! il oublie les nœuds les plus saints, les promesses les plus sacrées. Laissez-moi dévorer mes larmes. Tout est fini ! il m'oublie, il m'outrage. Je ne le maudis pas ; je n'implore point la vengeance divine contre un parjure; je lui laisse ses souvenirs et son cœur. Au nom du ciel, laissez-moi. — Infortunée! je vous l'ai dit, je veux être votre ami. — Aucun homme ne le sera jamais. — Malgré vous, je vous protégerai. Par mes ordres, vous aurez ici un sort agréable: le roi de France me l'a promis. Je vous reverrai avant de quitter ce royaume; je veux aussi voir votre enfant. — Mon enfant!...... il est aussi le sien, et il l'oublie! — Votre nom dans cette maison est celui d'Albestrophe, la comtesse d'Albestrophe. Sous ce titre, vous y serez respectée; mais que votre rang, celui de mon fils, son nom y demeurent inconnus. — Ah! quel être, sur cette terre étrangère, pourrait prendre intérêt à mon sort et chercher à en dévoiler les horreurs! — Me jurez-vous, comme à votre souverain, un éternel secret? Sur toute cette histoire, que rien ne vous trahisse; ne prononcez jamais mon nom, ni celui de Ch..... — Sire, n'achevez pas, ne déchirez pas mon cœur; il ne pourrait entendre ce nom sans frémir! — Jurez-vous de vous conformer à mes volontés? — Je jure par tout ce qu'il y a de respectable; mais suivant les apparences, je n'aurai pas long-temps à tenir ce triste serment. Ah! lorsque je ne serai plus, pensez à Charlotte. Elle est formée dans mon sein, mais elle est du sang des Stuard. — Soyez sans inquiétude pour elle et pour vous. — Sait-il où je suis? où elle est? — Que vous importe! à quoi servirait d'alimenter un amour qu'il faut éteindre. Oubliez-le comme il vous oublie. Je ne répondis point. Ces mots me percèrent le cœur, ce n'était pas l'intention du roi; mais les personnes froides et indifférentes sentent si peu l'effet qu'un geste, une parole produisent sur une âme sensible! ils croyent ménager, et ils déchirent. L'homme n'entre point dans les douleurs qu'il est incapable de sentir.

Peu après, le roi me quitta. Je

retournai dans mes appartemens, dans un accablement impossible à rendre; je n'avais plus de forces que pour verser des pleurs et gémir.

Quelque temps après, Jacques III revint; il voulait arracher de ma main un écrit qui rassurât sa conscience : sa conscience !...... et il ne rougissait pas des moyens vils et mensongers qu'il employait pour désunir deux cœurs que Dieu même avait unis.

Il me combla de caresses, ainsi que Charlotte; mais ni ses discours, ni ses ordres ne purent obtenir de moi un écrit tel qu'il voulait me le dicter, c'est-à-dire, une renonciation à mon titre d'épouse, qui aurait alors annulé tous les scrupules qui lui restaient sur la validité de mon mariage. Je lui demandai où était le prince : je vais le rejoindre à Rome, me répondit-il, et, mécontent de ma résistance, il s'éloigna. Je poussai un profond soupir.

J'osais espérer vaguement que, si S. A. R. eût été encore en France, elle aurait pu apprendre mes douleurs, me revoir et revenir à des sentimens d'amour que je ne pouvais croire entièrement éteints dans son âme. Je soupçonnais le roi de n'être pas franc dans ce qu'il disait. Il m'avait avoué que c'était par ses ordres que j'avais été enlevée. Il m'avait parlé des regrets de son fils ; puis, il insinuait que c'était d'accord avec lui que j'étais retenue prisonnière. Il parlait d'oubli, d'un mariage; ensuite il disait que le prince vóyageait pour se distraire. Enfin, l'incohérence des discours du roi m'avait fait soupçonner qu'il pouvait y avoir de noires machinations, dont le fil échappait à ma pénétration; et dans ces conjectures je ne me trompais pas !

Les promesses de soins, d'égards, de respect même que m'avait faites Jacques III, s'effectuèrent toutes. Le calme revint peu à peu dans mon âme : l'intime persuasion que le prince m'aimait encore, y contribua. Ma fille devenait intéressante, elle me retraçait les traits adorés de son père, dont l'isolement où j'étais m'empêchait d'entendre parler. Je ne recevais aucuns papiers du dehors; les livres, les dessins, les ouvrages que je demandais, passaient par les mains de l'abbesse. Cette dame, d'une très-grande maison, était remplie d'esprit, et l'amabilité de son caractère m'avait attachée à elle. Je dînais souvent dans ses appartemens; un jour, j'y étais avec deux religieuses, ses amies particulières, l'une d'elles, aimant encore le monde et s'occupant beaucoup de ce qui s'y passait, venait du parloir; on lui avait appris une foule d'anecdotes nouvelles, qu'elle nous débita avec la volubilité ordinaire à ces dames. Enfin, ajouta-t-elle, l'on assure que le chevalier de Saint-George, le fameux *Charles-Édouard Stuard*, épouse à Rome la princesse *Louise de Stolbergt*.

A ces mots, je tombai sans connaissance ; on me fit revenir. Je n'attribuai cet état subit et mes larmes qu'à une cause de santé. On fit des conjectures; la curiosité que j'avais excitée dans les premiers temps de mon séjour, se renouvela. Ma discrétion et ma réserve laissèrent le mystère qui m'environnait impénétrable.

Peu après, l'abbesse mourut. Celle qui lui succéda ne me convenant point, je sollicitai, par les personnes qui me faisaient tenir ma pension, mon changement de couvent; je l'obtins après quelques longueurs que nécessitèrent les demandes et les réponses de Rome.

Je partis à la fin de mai, par un temps délicieux, avec Charlotte et ma bonne Sophie, qui ne m'a point quittée. Nous n'avions pas un long voyage, puisque Meaux en était le but.

A Bondy, je m'arrêtai pour dîner. En traversant les cours de l'auberge, pour me rendre dans mes appartemens, une exclamation me fit tourner la tête, et je restai à considérer un homme qui, après m'avoir regardée quelques instans, vint à moi, en disant en anglais : N'est-ce pas milady Anna Lovat que j'ai l'honneur de saluer ? Sullivan ! est-ce vous ? repris-je repris-je. — Milady en France ! — Et vous, Monsieur, vous avez donc quitté votre prince ? Entrons chez moi, j'ai bien des questions à vous faire.

Nous entrâmes, et Charlotte alla avec ma femme de chambre prendre l'air. Je vous croyais au fond de l'Écosse, me dit Sullivan dès que nous fûmes seuls, et j'avoue que jamais étonnement n'a égalé le mien, lorsque je vous ai reconnue, malgré tant d'années de séparation. — Moi en Écosse ! moi qui n'ai pas été libre un instant depuis celui où S. A. R. et vous me quittâtes, le 10 décembre 1747 ! — Grand Dieu ! c'est ce même jour où, étant retournés le soir dans votre hôtel, nous vous attendîmes en vain. Tout ce qui vous appartenait, avait été enlevé dans l'après-midi, par vos ordres, et l'on avait dit à la maîtresse de l'hôtel que vous retourniez en Écosse. — J'aurais quitté volontairement mon époux ! Je lui aurais enlevé sa fille ! Il a pu le croire ! — Il en douta long-temps. S'étant rendu chez le roi son père, il se jeta à ses pieds, lui apprit toute la vérité de votre union, sur laquelle il n'avait fait jusque-là que le pressentir, et le supplia de vouloir bien faire, de concert avec lui, toutes les recherches imaginables. Le roi, touché, donna les ordres nécessaires, mais tout fut inutile. On sut seulement qu'il s'était embarqué à Dieppe, pour l'Écosse, une jeune et belle dame avec un enfant; et cet évènement cadrait avec votre prétendue fuite, où était aussi supposé.

La tristesse et la douleur consumaient le prince. Ce fut alors que son père eut une explication avec lui. Je suis certain qu'il l'assura que, persuadée que votre mariage était nul, vous aviez quitté de plein gré la France pour retourner dans votre patrie, où vous deviez contracter une nouvelle union, pour laisser à S. A. R. la même liberté; qu'il vous avait vue avant votre départ, et avait été satisfait de vos sentimens; qu'enfin il était le confident de votre fuite et y avait aidé; mais qu'il exigeait de son fils de cesser toute perquisition pour vous retrouver, parce que, s'il y parvenait, il userait de tous les droits que les titres de père et de roi lui donnaient pour vous séparer; qu'au contraire, s'il était content de la soumission du prince, comme il l'avait été de la vôtre, il avait de sûrs moyens de connaître votre destinée et d'avoir soin de votre enfant.

S. A. R., que votre abandon, votre fausseté en le quittant avaient ulcéré, consentit à ce qu'on lui demandait, et prit pour indifférence ce qui n'était que douleur et dépit.

Pour se distraire, il voyagea dans l'intérieur de la France, et revint à Paris en 1748. Après la paix signée entre les rois de France et d'Angleterre, on lui signifia l'ordre de quitter le royaume; mais, trop fier pour plier, il n'écouta point ce qu'on lui disait, et parut même en public.

En entrant au Grand-Opéra, le fils de tant de rois fut, à la honte de la faible politique qui régissait la France, arrêté et, je n'ose le dire, lié comme un criminel, et conduit hors des frontières du royaume, où le plus grand des rois avait offert un noble asile à son aïeul, et où son petit-fils ne trouvait pas même le respect dû au malheur et à son rang (*)! Dernière infortune des Stuard, était-ce à la

_____
(*) Historique.

France à t'aggraver ! Henri IV et Louis-le-Grand durent s'indigner dans leurs glorieuses tombes de cette insulte faite à leur sang, de cette violation des droits les plus sacrés ! Sullivan resta quelques momens sans pouvoir parler; je ne lui répondais que par mes larmes.

Après ce douloureux silence, il reprit : Rome offrait seule un refuge au descendant d'Henri IV et de Charles I.er; il y était né; son père et son frère y vivaient tranquilles; nous nous y rendîmes, et pendant quelques années la vie de Charles-Édouard fut aussi monotone que triste : l'infortune avait froissé son âme. Frappé de tant de siècles accumulés où les

Stuard n'avaient jamais goûté un bonheur durable, il sentait que la fatalité attachée à sa maison, comme aux antiques familles d'Œdipe et d'Atrée, pesait sur lui; et, malheureux par tous les sentimens et les liens de la nature, il semblait avoir renoncé à tout.

Le roi son père qui n'avait en partage ni une âme au-dessus des maux, ni un esprit élevé, désirait passionnément se voir revivre dans son fils et lui en parlait souvent; mais un silence morne, ou une réponse toujours la même, toujours ferme et sombre était tout ce qu'il obtenait. *Six siècles de malheurs sont assez*, disait-il; *je ne donnerai point la vie à des Stuard.*

Jacques III, désespéré du peu de réussitte de ses desseins, fit un jour parler un seigneur écossais, qui était venu lui rendre ses hommages et qu'il avait sans doute endoctriné. Ce jeune homme parla de plusieurs partisans des Stuard, et enfin des Lovat.

A ce nom, Charles-Édouard qui était plongé dans ses rêveries habituelles, écouta attentivement.

Le jeune homme reprit : l'aînée des petites-filles du lord, que nous nommons en Écosse milady Anna Lovat, quoiqu'elle ne soit de cet illustre sang que par sa mère, son père étant frère cadet du comte de C***, après avoir disparu quelque temps, pour se soustraire aux persécutions, est revenue embellir nos montagnes; elle a épousé, après que la cour lui a eu rendu ses biens et ceux de son aïeul, un comte anglais dont le nom m'est échappé, et elle n'habite plus l'Écosse. Lady Anna est mariée? reprit le roi comme étonné. — Oui, Sire, et depuis plusieurs années.

Charles-Édouard avait la tête appuyée sur ses mains. Il resta plusieurs minutes ainsi, et se levant avec lenteur, il sortit; je le suivis. Sullivan, me dit-il avec une expression qui me navra, Sullivan, tu l'as entendu !...... elle est mariée !...... il ne peut donc y avoir personne entièrement fidèle au nom de Stuard. Fuis, mon ami, un malheureux qui entraîne tant d'infortunes après lui.

............De ce sang déplorable,
Je péris le dernier et le plus misérable!

ajouta-t-il, en s'appliquant ces vers de Phèdre. Il dit encore mille choses touchantes sur sa position et votre infidélité. Je l'avoue, je le croyais calme; je ne connaissais pas son cœur. Il ne m'avait jamais parlé de vous, Madame, mais il gardait encore tout l'amour qui l'avait embrasé en Écosse; il vous aimait comme dans la caverne de Lovat, et je l'avais cru indifférent! L'affreuse conviction de votre oubli (car il ne soupçonnait aucun artifice dans ce qu'il avait entendu), cette certitude, dis-je, avait seule pu arracher une plainte à ce cœur si fier; j'y lus ses tourmens; mais indigné qu'on eût découvert sa faiblesse pour une ingrate (Pardonnez, Milady, vous étiez telle à ses yeux et aux miens), il gémit seul et ne me laissa plus qu'à deviner ses douleurs.

Un an après, le roi fit agir auprès de lui, pour le déterminer à un mariage, tout ce qu'il crut propre à avoir de l'empire sur lui. S. S. Benoît XIV, pour qui S. A. R. avait beaucoup d'attachement, quelques anglais, des seigneurs romains, et moi-même, nous nous y prêtâmes, espérant beaucoup, pour le bonheur du prince, d'un genre de vie différent. Il se rendit à nos vœux.

On lui proposa la princesse *Louise de Stolbergt*, il l'accepta, et cette union fut conclue; mais la princesse n'était point le choix de son cœur; rien dans son caractère n'est en harmonie avec celui de S. A. R. Elle est belle, mais elle ne l'a jamais charmé.

Vous pouvez vous souvenir, Madame, qu'il a votre portrait, peint peu après la naissance de la jeune princesse Charlotte, et où elle est aussi représentée. Combien de fois l'ai-je surpris, depuis son mariage, les yeux fixés sur ces images chéries et soupirant profondément.

Le

Le roi son père voyait avec peine son antipathie pour la princesse; il a souvent tenté, mais en vain, de les réunir, et il est mort, il y a quelque temps (*), sans avoir pu y parvenir. — Le roi n'est plus !......
— Non, Madame, et c'est pour notifier cette mort au roi de France que je suis ici. — Il n'est plus !...... Grand Dieu ! pardonne-lui comme je lui pardonne !...... Quelques larmes mouillèrent mes paupières, je les essuyai et appris à Sullivan tout ce qui m'était arrivé depuis mon arrestation. A chaque mot, j'étais inter-

---

(*) En 1765. La petite cour des prétendans conservait l'étiquette du rang qu'ils avaient occupé.

P

rompue par les exclamations que lui arrachaient la surprise et l'indignation.

Je finis par le prier de rapporter au roi son maître tout ce que je lui disais. Ce roi, ce maître était mon cher Charles-Édouard. Il me le jura et m'assura que dès qu'il aurait rempli sa mission auprès du roi Louis XV, et réglé quelques autres affaires, il retournerait à Rome pour y soulager le cœur du prince, par l'assurance de mon innocence et de mon constant amour.

Il désira rendre ses hommages à la princesse Charlotte. Ce titre me fit sourire ; c'était la première fois que je le lui entendais donner. Je la fis entrer. Sullivan se jeta à ses pieds, charmé de sa ressemblance avec son illustre père, et heureux de voir l'héritière des droits funestes qui sans doute ne lui donneront que des larmes à répandre, comme à tous ceux de sa race. Je présentai Sullivan à ma fille, comme l'un des plus fidèles serviteurs du roi son père et son ami, et je lui appris en même temps la mort de son aïeul.

Je passai le reste de la journée à Bondy, pour m'entretenir avec Sullivan, et au point du jour je me remis en route pour le couvent des Bénédictines de Meaux, où je suis à présent. J'avais été précédée par une lettre où l'on ordonnait, au nom de S. M. T. C., tous les égards possibles pour la comtesse d'Albestrophe et sa fille : en effet, j'en ai toujours été l'objet.

Sullivan est retourné à Rome, et m'a écrit sous le couvert d'une sœur de Sophie qui habite Paris; car depuis deux ans, on a accordé à cette excellente fille la permission de voir ses parens et de leur écrire, ce qui lui avait toujours été refusé jusque-là.

Ce fidèle écossais n'a pas trouvé le prince à Rome; il était allé en Sicile. Et lorsque S. A. R. est repassée en Italie, Sullivan était à Madrid, pour y remplir une mission secrète. Il n'a pas voulu donner par lettres au prince les détails que je lui avais confiés, les trouvant d'une nature trop délicate pour être livrés au hasard. J'ai approuvé cette prudente conduite. Sa dernière lettre m'annonce qu'il retourne incessamment à Rome, et j'attends avec une anxiété indicible l'issue de sa conversation avec le plus aimé des époux.

―――――

La comtesse d'Albestrophe cessa de lire en cet instant. Elle s'était souvent interrompue pour essuyer ses pleurs ou pour se reposer un instant. Souvent aussi les larmes de sa fille et de Mademoiselle de B*** avaient été les interprètes de leurs sentimens.

Charlotte, dont l'expressive physionomie était si mobile et si charmante, avait justifié les précautions de sa mère, par l'expression trop vive de sa haine et de ses reproches à la mémoire du roi son grand-père. Elle se précipita sur le sein maternel, le mouilla de larmes. O Madame! ô ma mère! répétait-elle, Charlotte pourra-t-elle jamais payer tous les tourmens que vous avez soufferts?..... La reconnaissance, l'admiration de mon père, la mienne seront-elles jamais assez vraies?......Combien vous l'avez aimé! combien vous m'aimez moi-même, puisque vous n'avez vécu que pour moi! Que cette triste union vous a rendue malheureuse! Et c'est son père qui est cause de tant de douleurs! c'est lui qui, à force d'artifices, l'a déterminé à s'unir à une autre, à donner à une autre son nom et sa main ! et vous m'avez fait prier pour celui qui a été sourd à vos cris, à vos supplications, à la voix de l'innocence, de la nature, et vous lui avez pardonné !...... Je vous admire, ma mère, mais je ne puis vous imiter. Telles furent à peu près les discours de Charlotte.

Mademoiselle de B*** exprima aussi vivement les sentimens que l'intéressante narration avait fait naître en elle, et sa reconnaissance pour une confidence de ce genre.

Quelques semaines se passèrent sans évènement : les trois amies étaient plus intimement unies que jamais, la confiance rendant leur amitié mutuelle plus vive qu'elle n'avait encore été.

L'abbesse entra pendant l'une de leurs conversations, et remit à la comtesse une lettre pour elle : la première qui lui fût parvenue directement depuis dix-neuf ans. Madame d'Albestrophe témoigna le désir d'être seule pour la lire, et l'abbesse et sa nièce se retirèrent; mais peu après, cette dernière fut rappelée.

En rentrant, elle vit la comtesse baignée de pleurs, mais dont la physionomie laissait lire la plus douce satisfaction à travers ses larmes. O ma chère! s'écria Charlotte, en joignant ses mains et venant au-devant de Julie, cette lettre est du roi mon père! — Du roi!..... — Et adressée à ma mère. Sullivan a tout dit. Le roi, heureux et désespéré en même temps, écrit la lettre la plus tendre. Il ne peut contenir son impatience; il vient *incognito* en France. Il vient!...... je le verrai!...... je pourrai le presser dans mes bras!...... Ma mère reprendra tous ses droits!..... — Que dites-vous, ma fille, reprit vivement la comtesse: cela ne se peut, la reine son épouse existe. — Et vous, Madame, n'êtes-vous donc pas son épouse, et aussi malheureuse qu'innocente?...... — Ma chère, vous ne réfléchissez pas. Le roi ne peut briser des nœuds contractés de son plein gré. — Ceux qui vous lient, étaient-ils forcés?

Il doit vous rendre justice. — S'il pouvait s'oublier assez pour en avoir l'idée, je ne le voudrais pas. — Vous pourriez vous y opposer ? — Oui ! et de toutes mes forces. J'ai toujours sacrifié ma gloire à la sienne; je le ferais encore. Il entacherait la mémoire de son père; il donnerait trop à l'amour d'une femme inconnue et pas assez aux devoirs de son rang. — Ma mère, quelle couronne ne serait honorée d'être portée par un ange tel que vous ?......

L'héroïsme des sentimens de la comtesse passa difficilement dans le cœur de sa fille; l'âme de madame d'Albestrophe, naturellement élevée, s'était encore épurée par la retraite et les mélancoliques réflexions auxquelles elle se livrait. Dans cette circonstance, elle en déploya toute la beauté sans ostentation ; sans effort elle s'éleva au plus noble comme au plus touchant sacrifice. Et cependant, la passion qui lui avait fait tout braver subsistait avec la même vivacité, l'absence et le malheur exaltant l'amour dans les âmes rêveuse et sensible comme était la sienne.

Mademoiselle de B*** témoigna à son amie, le plus grand désir de voir le prince Charles-Edouard. Elles convinrent qu'après les premiers momens de la conversation qui, devant se faire en anglais, serait toujours inconnue à Julie, Charlotte sortirait un moment, et Mademoiselle de B***, avertie par elle, viendrait se mettre pendant quelques minutes à une porte vitrée qui était couverte d'un crêpe noir, et donnait dans les lieux où les princesses devaient recevoir le roi.

Ces dispositions étaient faites, lorsque l'on vint, sur le soir, avertir Madame d'Albestrophe qu'on la demandait dans le parloir intérieur (l'étranger ayant obtenu de M. l'évêque de Meaux la permission d'entrer); aussitôt la mère et la fille s'y rendirent.

La beauté de Charlotte était relevée par une parure recherchée et élégante.

élégante. Une robe d'un bleu céleste faisait ressortir son teint éclatant, ses cheveux blonds-cendrés et la souplesse de sa taille. La comtesse portait un vêtement de la couleur sombre qu'elle avait adoptée. Ses bras étaient ornés de bracelets du plus grand prix, donnés par son époux. Cette simplicité touchante l'embellissait, et le bonheur qui animait ses traits lui avait rendu presque tous leurs charmes.

Ce fut dans les termes suivans que Charlotte retraça, le soir, à son amie, les détails de la scène intéressante qui se passa entre ces illustres infortunés.

Nous ouvrîmes précipitamment la

porte. Le roi accourut; mais voyant ma mère, il s'arrêta, lui tendant les bras, et dit avec tendresse : O Anna! chère Anna!...... Elle se précipita à ses genoux; il la releva, et la tint pendant quelques minutes sur son sein; leurs larmes parlaient : c'était le seul langage de ces cœurs passionnés, long-temps séparés, mais toujours unis. J'étais à leurs pieds, baignée de pleurs. Charlotte! ma fille! dit le roi, et sans se quitter il me pressèrent ensemble dans leurs bras.

Après quelques instans, où nous ne nous exprimâmes tous trois que par nos embrassemens, S. M. regardant ma mère avec ivresse, dit : Et vous m'avez toujours aimé!......

Et victime comme moi du sort qui me poursuit, Anna a gémi loin de Charles-Édouard, comme lui loin d'elle !...... O mon amie ! ô mon épouse ! de toutes les infortunes qui ont assailli ma vie, la plus affreuse était de douter de ton cœur, de me croire oublié de mon Anna et sans espoir de revoir ma fille ! ma fille, reprit-il en m'embrassant avec tendresse, qui, élevée près de toi, aura tes vertus comme elle possède tes charmes !

Je rends grâces au ciel de ce qu'il n'a pas permis qu'une union sacrilége me donnât des enfans ; je n'en ai qu'un : ma Charlotte. Je voudrais pouvoir dire : Je n'ai qu'une épouse :

mon Anna! et il serrait et pressait sur son cœur nos mains réunies.

Ma mère, à qui son émotion et ses pleurs avaient ôté la faculté de s'exprimer, fit un effort sur elle et dit : Rendez à votre fille toute votre tendresse, mais oubliez-moi. Habituée au malheur, je le supporterai avec calme, s'il est allégé par l'idée de vos regrets, de votre estime et de la grandeur de mon enfant; je n'ai vécu que pour elle et pour vous; je ne vivrai dans l'avenir que pour vous et pour elle. — Parfaite Anna, ton âme est aussi grande, aussi généreuse qu'au Fort-Auguste! Que ne suis-je libre comme dans ce temps de doux et enivrans souvenirs! Hélas! long-temps ces pensées si

tendres ont été ma seule jouissance: Anna! Charlotte! je vous revois!......
O mon père! pourquoi préférâtes-vous pour moi une grandeur illusoire à l'amour? — Sire, arrêtez; nous n'avions écouté que cette passion aveugle; vous dépendiez d'un père, d'un roi; il devait écouter la raison. Je n'étais pas née pour être votre heureuse épouse; je l'ai été quelque temps; j'ai fait le bonheur de Charles-Édouard, n'est-ce pas assez pour moi? J'ai obtenu vos regrets, j'ai vécu dans le souvenir du héros chéri que j'ai préféré à tout; mes larmes, mes douleurs ne sont-elles pas payées par une telle fidélité?......
— O la plus noble des femmes! le

désespoir est prêt à déchirer mon âme, lorsque je pense à la barrière insurmontable qui existe entre nous, et que j'ai eu la faiblesse d'y placer moi-même! Particulier obscur, j'eusse vécu heureux dans une chaumière avec toi; prince sans pouvoir, roi sans royaume, époux malheureux, tous les titres qui font la gloire et le bonheur des autres hommes, se réunissent pour m'accabler. Il ne me reste que Charlotte; je vais la reconnaître, la placer dans cette classe enviée et dont un prestige colore les infortunes; je vais lui donner ce nom de *Stuard* qu'elle doit à sa naissance, et que les vertus qu'elle tient de sa mère lui apprendront à honorer,...... à supporter; à la face du monde, je vais sanctifier par les lois ce gage de l'union la plus tendre.

Et s'adressant à moi avec gravité : Ma fille, ajouta-t-il, dès ce jour je vous reconnais moi-même pour Charlotte Stuard, princesse de Galles, et je vous donne le titre de duchesse d'*Albany*. Vous êtes née en France; S. M. T. C. est ma parente; c'est dans ce royaume qui vous a vue obscure et inconnue, que je veux vous avouer pour mon enfant chéri. Anna, ce lien si doux nous unira toujours; elle nous doit à tous deux la vie. Si, libre un jour......, femme adorée, tu m'entends? — Prince géaéreux et cher, vous lisez dans mon âme les sentimens qui la pénètrent. La joie, qui m'a été si long-temps étrangère, l'a pour ainsi dire inondée. Je sens, j'exprime à peine......, mais le cœur d'Anna est encore entendu par Charles-Édouard. — Oui, entendu, apprécié, admiré; ce sont les nobles sentimens qui le remplissent, qui ont formé un nœud éternel de sympathie entre nous.

Peu à peu ma mère devint plus calme et raconta au roi tout ce que lui avait déjà appris Sullivan. Ils se rendirent confidence pour confidence, amour pour amour. J'en étais comme le lien, et j'épurais leurs transports par ma présence. Ils ne se quittèrent que lorsqu'il le fallut absolument.

Charlotte n'étant point sortie du parloir, Mademoiselle de B*** était trop discrète pour y être venue; mais le lendemain, après le déjeûner, elle se rendit à la porte vitrée et vit le prince. Il était de moyenne taille, bien prise et noble; les yeux bleus, vifs et perçans; les cheveux d'un blond un peu hasardé; tous les traits beaux, mais un peu tristes. Il parlait à sa fille et à la comtesse avec une effusion touchante. Sa conversation fut toujours en anglais et aussi intéressante, pour ces illustres infortunés, qu'elle l'avait été la veille.

Ils passèrent toute la journée ensemble, et elle s'écoula trop rapidement.

Le soir, les adieux de Madame d'Albestroghe et du roi furent déchirans. Ils avaient le pressentiment qu'ils se voyaient pour la dernière fois : ils s'adoraient, et ils étaient à jamais séparés ! Charlotte put seule par ses caresses adoucir la douleur de sa mère, et l'amitié respectueuse de Mademoiselle de B*** y contribua aussi.

Charles-Édouard se rendit à Paris. Il y vit le bon mais faible Louis XV, qui avait pu donner les mains à l'affront fait au prince en 1748, mais qui ne pouvait lui refuser cette amitié, cette vénération que la gloire qu'il avait acquise en Écosse et ses qualités étaient faites pour inspirer.

Il fut décidé que le parlement de Paris prendrait des mesures pour reconnaître Charlotte. De telles formalités devant être longues, le roi retourna en italie, où il avait une existence digne de son rang, tant à la cour de Rome qu'à celle de Modène et de Toscane, où régnait la maison d'Est dont était son aïeule, la reine Marie d'Est, deuxième femme de Jacques II.

Le temps s'écoulait, et en 1771 Mademoiselle de B*** épousa, le 26 octobre, M. le marquis de M...... de P......, président au parlement de D.... Dans cette occasion, ses illustres amies lui donnèrent des marques touchantes de leurs sentimens : la comtesse d'Albestrophe, la noble Anna lui servit de mère à la cérémonie (*), et Charlotte, après avoir versé des pleurs et exprimé les plus vifs regrets sur leur séparation, promit à la jeune marquise de P...... une correspondance suivie et un attachement à toute épreuve : elle a tenu l'une et l'autre promesse.

Je vais transcrire ici, par fragmens, les lettres originales qui peu-

_____
(*) Historique.

vent faire suite à cette histoire. J'en supprime un grand nombre qui n'ont rapport qu'aux deux amies, à leurs sociétés, aux différens voyages de la marquise de P...... à Meaux, ou à Paris, et enfin à des affaires particulières qui ne seraient d'aucun intérêt pour le lecteur.

FIN DES MÉMOIRES.

FRAGMENS

DES

LETTRES ORIGINALES,

ÉCRITES

DE L'ANNÉE 1771 à 1790.

Meaux, 17..;

Ta tante, ma chère Julie, vient d'être nommée à l'abbaye de Préaux en Normandie : elle va bientôt nous quitter.

Ma mère a écrit pour demander de retourner à Paris; car le roi mon père, malgré son empressement à me faire reconnaître, éprouve plus de difficultés qu'il ne s'y attendait; je ne puis m'en plaindre. Tu me connais, ma chère; une existence si différente ne peut être de mon goût;

Heureux qui vit en paix du lait de ses brebis;
Et qui de leur toison voit filer ses habits (*),

telle serait mon ambition. Vivre pour ma mère, pour le roi et pour toi, c'est là mon seul vœu.

~~~~~~~~~~~~~~~~~~~~~~~~~~~~

Paris, 17..,

C'est la reine, ou plutôt la princesse de Stolberg, qui met à ma réunion avec mon père tant d'en-

---

(*) Bergerie de Rancan.

traves. Quoiqu'elle ne l'aime point, et que ma naissance ait précédé de bien des années son fatal mariage, elle le rend malheureux et ne veut pas qu'une autre essuye les pleurs qu'elle fait couler.

Depuis que je suis ici, ayant toute la liberté possible et obligée par le vœu de ma mère d'aller souvent dans le monde (car elle désire que, si je reprends mon rang, je ne sois point empruntée), je suis assez embarrassée, n'ayant pas d'état fixe : *Milady Charlotte* excite la curiosité.

Il est si incertain que je puisse être reconnue du vivant de la princesse, et son âge diffère si peu du mien, que je me suis déterminée à supplier le roi mon père de me permettre d'entrer dans un des chapitres nobles, si communs en France. Je ne sais encore quelle sera sa décision; je t'en ferai part.

Cet état mixte, qui tient un milieu entre le monde et la retraite, me convient assez. On est libre de suivre ses goûts; un ruban, une croix, simple décoration, sont les seules sujétions que vous donne ce rang honoraire; car je ne veux qu'être chanoinesse de ce genre.

Te souvient-il, Julie, combien nous en avons pesé les inconvéniens et les avantages, lorsque tu devais être agrégée à Metz, avant que ton mariage fût décidé? eh bien! je pense toujours comme alors, et c'est ce qui me déterminera à n'avoir qu'un titre honorifique.

~~~~~~~~~~~~~~~~~~~~~~~~~~~~~~~~~~

Paris, 17..,

Je vais te transcrire les propres termes de la réponse du roi, à l'égard de la demande que je lui fis il y a quelques mois et dont je t'ai parlé :
« Ma fille, vous pouvez vous faire
» recevoir dans un chapitre de France,
» à votre choix. Mais j'exige de vous,
» de ne prendre aucun engagement
» solennel, soit par vœu, soit par
» suite d'un autre sentiment. Vous
» êtes ma fille; j'espère vous recon-
» naître pour telle aux yeux de l'Eu-

» rope entière; dès-lors, rappelez-
» vous le nom de Stuard que vous
» portez, et soyez-en toujours digne. »

Les lettres du roi à ma mère sont toujours aussi expressives que tendres, et très-fréquentes.

~~~~~~~~~~~~~~~~~~~~~~~~~~~~~~~~

Paris, 17..,

D'après la permission que j'ai reçue, j'ai fait des démarches, et le roi de France a ordonné au chapitre de *Migette* en Franche-Comté (*), où il y avait une place vacante, de me recevoir sans preuves, puisque

---

(*) Migette, fondé en 1345 par une comtesse de la maison de Bourgogne-Châlons, à six lieues de Besançon.

je ne puis dire qui je suis. S. M. a déclaré que j'étais d'un sang à être admise partout : ainsi me voilà chanoinesse, sous le nom de milady *Charlotte*, et mon sort fixé pour quelque temps.

Ma mère l'a appris avec joie; mais elle regrette (elle qui n'a jamais eu d'ambition, dont les idées sont si simples, si généreuses), elle regrette de ne pas me voir remonter au rang où je suis née. Mon père fait les mêmes vœux, et toi aussi, ma chère amie, tu ne cesses de me le répéter. Moi seule, plus philosophe que vous, je ne vois que des chaînes dorées dans ce rang élevé que l'on veut que j'occupe; et si j'ai l'espoir, en étant reconnue, de vivre auprès du roi, l'idée déchirante de quitter une mère incomparable et qui n'existe que pour moi, vient m'assaillir. Je flotte ainsi entre le désir et la crainte.

Je désirerais vivre tranquille dans la position où je suis; et je me répète souvent : « Pourquoi tant d'in- » quiétude pour une vie qui en de- » mande si peu (*). »

La princesse de *Stolberg* met toujours la même opposition à ce que je sois reconnue, et le cardinal d'Yorck, mon oncle, s'unit à elle pour l'empêcher; c'est lui qui a conclu le mariage de mon père. Il espère, malgré toute probabilité, voir naître de cette union

───────────────
(*) Horace.

des héritiers de son nom, et par cette raison tient à ce que je reste dans l'obscurité; car je ne le crois pas exempt d'avoir trempé dans les artifices de son père, pour éloigner le roi de sa fidèle Anna.

~~~~~~~~~~~~~~~~~~~~~~~~~~~~~~~~~

Paris, 17..,

Je pars dans peu de jours pour Migette; et, comme si mes désirs ne pouvaient jamais être réalisés, ce voyage se rencontrera, comme je le vois par ta dernière lettre, avec celui que la maladie de ta mère t'oblige de faire en Auvergne; ainsi, ma chère amie, je traverserai la province que tu habites, et je ne t'y verrai pas. J'avais espéré que tu m'accompagnerais à Migette et dans mes courses, et que je passerais quelque temps avec mon amie. J'aurais été heureuse de voir ton fils.

Mais lorsque je pense de qui je suis née, je remercie le ciel de n'éprouver que de légères contradictions. Être Stuard et ne pas être en butte à la plus noire destinée, avoir une existence tranquille, un père, une mère chéris, et une amie telle que toi, hélas ! si je reprenais ce noble nom, serais-je aussi heureuse.

―――

Paris,

Paris, 17..

Mon voyage a été très-rapide; il n'aurait pas été ainsi si je t'eusse trouvée en Bourgogne. Sais-tu que partout j'ai été reçue avec des honneurs infinis, qui devaient donner sur mon rang d'étranges idées.

Tous ces fatigans hommages auxquels je n'ai point été habituée dans l'absolue retraite où j'ai vécu si long-temps, ne m'ont pas causé le moindre embarras; je me sentais faite pour les recevoir.

Amelot dit quelque part : « L'illu-
» sion de la plupart des nobles est
» de croire que leur noblesse est
» en eux un caractère naturel. »

Cette illusion est salutaire lorsque la raison lui sert de guide; et, dans tous les rangs, l'idée de ternir son nom n'a-t-elle pas plus d'une fois mis un frein aux passions humaines.

~~~~~~~~~~~~~~~~~~~~~~~~~~~~~~~~~~

Paris, 17..

Je t'ai parlé souvent, chère Julie, du peu de tranquillité que mon père trouvait dans son union avec Madame de Stolberg (*); cet état désagréable vient d'être suivi d'une mésintelli-

---

(*) Louise de Stolberg était fille du prince de Stolberg et de N.... Bruce d'Ailesbury. Quoiqu'aimable et belle, jamais elle ne rendit le prétendant heureux, ne l'aimant point et ne partageant ni ses goûts ni ses peines. Séparée d'avec ce prince, elle vécut à Rome dans un

gence éclatante. La princesse se croyant sûre de l'appui et de l'ascendant du cardinal d'Yorck, s'est tout à coup retirée à Rome, en exigeant absolument que le roi renonçât à me reconnaître. Les moyens dont elle s'est servie avaient quelque chose de trop absolu et de trop tyrannique, pour réussir : ils ont donné des armes contre elle. Mon père saisissant avec empressement une circonstance dont quelques incidens donnent des torts

---

palais du cardinal d'York, ensuite dans un hôtel à elle. En 1791, la princesse Louise, que l'on nommait depuis sa séparation comtesse d'Albany, se trouvait en France; étant passée en Angleterre, elle fut présentée à la cour où elle aurait pu régner. De retour en Italie elle s'y fixa et y a terminé sa carrière il y a peu d'années.

graves à la princesse, a demandé sa séparation; il l'obtiendra sans doute avec facilité.

Mon sort va donc changer!...... Si celui de ma mère pouvait l'être, s'il était possible que je vécusse près d'elle et du roi! Quelle douce existence! quel avenir cette idée me présente!...... mais hélas! elle est comme la prospérité des Stuard, une ombre fugitive.

La lettre où mon père me parle de ses résolutions et de son nouvel espoir, est empreinte d'une mélancolie douce et pénétrante. A peine ose-t-il tracer le nom de son Anna. *Dites à Madame d'Albestrophe, m'écrit-il, dites-lui bien que toutes les vicissi-*

tudes de la vie ne peuvent changer mon cœur.

Quelle position que la sienne!... Songe, ma chère amie, qu'il aime, qu'il apprécie ma mère, et qu'il ne peu vivre pour elle.

~~~~~~~~~~~~~~~~~~~~~~~~~~~~~~~~~~~~~

Paris, 17..,

La séparation du roi et de la princesse est prononcée, et l'affaire dont s'occupe le parlement de Paris s'avance. Il faudra donc quitter ma mère, car rien n'est changé dans son sort : elle reste ce qu'elle est, et ne reprend ni ses droits, ni son rang. Une telle affaire aurait noirci la mémoire de Jacques III, prouvé les machinations les plus viles. Mon père aurait alors épousé la princesse *Louise* du vivant d'une autre femme, et sans que son mariage contracté dans la caverne de Lovat, et qui est bon, eût été dissout.

Des années seraient à peine suffisantes pour une telle complexité d'intérêts, qui ferait un éclat inconcevable, ce qui déshonorerait mon grand-père. Le roi, ni la comtesse ne sont point capables, pour être réunis et heureux, d'avilir celui qu'ils ont si long-temps respecté comme roi et comme père.

Je réponds, par tout ce que je viens de dire, à tes espérances pour ma mère et je les détruits. Tu la connais, tu sais si elle ne trouve pas dans la noblesse et l'élévation de son âme le prix de tous ses sacrifices.

~~~~~~~~~~~~~~~~~~~~~~~~~~~~~~~~~~~~

Paris, 17..,

Ce n'est plus l'inconnue Charlotte d'Albestrophe qui t'écrit, chère et véritable amie, c'est la princesse *Charlotte Stuard, duchesse d'Albany*, héritière des trois royaumes de la Grande-Bretagne, mais héritière aussi de six siècles d'infortunes. Toi qui fus si long-temps la confidente de mes larmes, toi dont la douce amitié fit connaître à mon âme le plus pur des sentimens, crois que cette âme ne peut changer: Charlotte d'Albestrophe; Charlotte Stuard, reine d'Angleterre, d'Écosse et d'Irlande, si je l'étais jamais, serait toujours la même pour toi.

Le cardinal d'Yorck a été grandement contraire aux intentions du roi à mon égard. Après la dissolution du mariage de la princesse Louise, auquel il s'était vivement opposé, il soutenait ses droits sur des couronnes que nous n'aurons jamais que dans nos armes, et dont, par suite de ma reconnaissance solennelle au parlement de Paris, je suis héritière. Il s'est brouillé très-vivement à cette occasion avec son frère, et s'est retiré à Rome.

L'isolement de mon père qui est à Florence, m'oblige à quitter bientôt la France pour aller le rejoindre. Il me désire, mon cœur et mon devoir m'appellent près de lui. Mais, Julie, il faudra me séparer de ma mère ! quitter une terre hospitalière, où je suis née, que tu habites, où je te voyais quelquefois ! Je pourrai dire avec mon aïeule, l'infortunée Marie Stuard : *Adieu, France, adieu tant doux pays de France ! je te quitte pour jamais* (*). Les regrets qu'elle éprouvait seront comparables aux miens.

(*) Brantôme. *Discours sur Marie Stuard.*

Paris, 17..,

Mon voyage est réglé. Le roi mon père m'a envoyé des personnes de sa maison pour me conduire à Florence. J'aurais désiré traverser la Bourgogne, en allant en italie, pour te voir à Dijon, te voir peut-être pour la dernière fois ; mais la cour a réglé les lieux où je dois passer, tout y est préparé pour ma réception; ainsi, le premier usage que je fais de ma grandeur, est la contrainte.

Les princes, dont on envie le sort, sont astreints à plus de devoirs que les particuliers. Leur rang prescrit une foule de bagatelles, qui sont en quelque sorte sacrées et dont le poids me fatigue déjà.

Tout ce qui m'entoure prend un ton cérémonieux; on ne me parle qu'avec un respect qui me parait bizarre, puisque ces mêmes personnes, il y a quelques mois, se croyaient mes égales.

Une chose surtout m'a fait une vraie peine et elle vient de toi; oui, de toi. Lorsque je reçus ta lettre de félicitations, je savais combien elles étaient sincères, quel fut mon étonnement, au lieu de cette familiarité à laquelle l'amitié m'avait habituée, de ne trouver que des respects. Tu as supprimé ce ton si doux pour mon cœur, qui me rappelait que si la nature ne nous avait pas fait naître sœurs, nous l'étions par l'amitié, et que nos âmes étaient formées des mêmes élémens. Ne suis-je plus ta chère Charlotte? Je suis S. A. R., madame la duchesse! Eh! ma chère, cette altesse n'est-elle pas ton amie? et comme je te l'ai déjà dit, Charlotte d'Albestrophe, isolée, inconnue, ou Charlotte Stuard, ne sont-elles pas la même pour toi?......

Reprends, je t'en conjure, le ton aimable de tes lettres; qu'un froid respect ne glace plus ton cœur, ou tu me feras repentir cruellement d'avoir accepté les fers dorés que l'on m'impose et qui, pour premier gage de la félicité qu'ils doivent me procurer

curer, m'enlèvent à ma mère et me font perdre non l'amitié, mais la douce familiarité de la plus chère amie que j'aie au monde. Julie, je t'en conjure, qu'il n'y ait plus dans ta première lettre d'A. R. que sur la suscription, et qu'elle soit comme toutes celles qui les ont si délicieusement précédées.

───────────

Paris, 17..,

Eh bien! je ne puis donc obtenir cette familiarité qui m'était si chère; tu ne le veux pas; *le respect que tu dois à mon rang* retient ta plume. Ma chère amie, je sais que le sang d'où je sors a droit à la vénération

T

du monde entier; je suis fière d'être Stuard, malgré la fatalité qui y semble attachée. Je me rappelle ce que ce seul nom produisit à Meaux, lorsque je t'appris mon origine. Tes expressions changèrent comme aujourd'hui, que l'éclat qu'a fait ma reconnaissance, et l'amitié que me témoigne le roi mon père, ont encore renouvelé ce respect dont tu te sens pénétrée; mais à Meaux, je gagnai mon procès, je restai ta *chère Charlotte;* tu me nommas toujours depuis comme une tendre sœur, et à présent je ne puis obtenir, malgré mes instances, qu'un *vous* et une *chère Charlotte* bien froids; enfin, puisque tu y tiens autant, je m'en contenterai, non sans peine, je te l'avoue, et sans regretter le ton et le style qui sont consacrés à l'amitié.

Tout est prêt pour ma séparation d'avec ma mère. Que de larmes j'ai déjà versées et verserai encore! Ce qui m'étonne, c'est son courage. Je la laisse seule, sans consolation, et loin de verser des pleurs, elle sourit. Sa Charlotte rendue à son père, à son rang, absorbe toutes ses douleurs. Elle me voit partir avec joie pour aller rendre de tendres soins à mon père; cette âme énergique et forte ne connaît de bonheur que celui des êtres qu'elle aime; elle s'est toujours sacrifiée pour eux, et ce noble sacrifice dure encore.

Avec quel feu elle me parle de cet époux chéri ! elle me peint son caractère, ou du moins celui qu'il avait ! car tant d'années ont pu le changer ; elle me le montre fier et passionné, ferme et courageux, sombre par instans, et alors absorbé par ses pensées et ses souvenirs ; capable (il l'a montré) des résolutions les plus héroïques et de la noble constance qui les fait réussir ; d'un esprit pénétrant, peu confiant, mais lorsqu'il a choisi un dépositaire de ses pensées, sa confiance n'ayant plus de bornes. Ma mère a seule, dans les jours de son bonheur, possédé cette entière confiance; mais lorsqu'il se crut trahi par celle qu'il aimait uniquement, il renferma dans son âme blessée toutes ses douleurs, et souffrit sans alléger ses maux par la plainte.

Cette habitude de se renfermer dans lui-même a donné quelque chose de méfiant à son caractère habituel. N'en a-t-il pas le droit, se croyant abandonné par ce qu'il avait de plus cher, trompé par son père, son frère et par les princes ses contemporains qui ne l'apprécièrent point? Charles-Édouard ne confondra-t-il pas sa fille avec cette foule indifférente qui l'entoure? Je saurai l'aimer, et un poète a dit :

Quiconque peut aimer, peut devenir aimable.

Ah! puissé-je lui plaire! puisse mon amour filial, augmenté par la vénération, trouver le chemin de son cœur! Mon amie, tel est le vœu le plus sincère de ta Charlotte. Mon âme aimante craint l'isolement dans lequel vivent les personnes de mon rang; elles ont des flatteurs, des complaisans, mais bien rarement des amis. Je ne puis vivre sans amitié, et je dis avec la *Sapho* du siècle dernier (*) :

Les indifférens n'ont qu'une âme;
Lorsque l'on aime, on en a deux.

Adieu, ma Julie, je ne suis point indifférente; mon âme et la tienne

---

(*). Mademoiselle de Scudéri.

sont unies pour jamais. En quittant la France, j'aime à te le répéter.

~~~~~~~~~~~~~~~~~~~~~~~~~~~~~~

P....., 17..,.

J'ai traversé la France, ma chère; partout ces cérémonies, ces représentations fatigantes m'ont assaillie.

Lorsqu'on arrive dans une ville, après une longue journée de voyage, on voudrait se reposer; mais l'on est princesse, il faut écouter mille choses fastidieuses, s'entendre haranguer gravement par tout ce qui sait coudre deux phrases de *pathos* ensemble, se voir présenter une foule d'indifférens qui viennent par curiosité contrôler vos actions, votre figure; qui s'en retournent peu satisfaits, si la pauvre *altesse* harassée n'a pas l'air gai, ouvert, charmé, n'adresse pas des mots pleins de grâce (car il en faut mettre à tout) à des êtres qu'elle voit comme dans une lanterne magique, et qu'elle ne reverra jamais. Moi, plus qu'une autre, reconnue publiquement depuis peu, dernier rejeton d'une maison célèbre et malheureuse, que de raisons pour accourir sur mon passage, non par respect ou intérêt, mais par pure curiosité; et moi, plus que personne, je suis peu faite pour supporter avec courage un pareil ennui.

Celles de mon rang, qui sont nées sur les marches du trône, s'habituent dès l'enfance à ces sujétions, et les trouvent naturelles; peut-être même l'idée d'imprimer du respect, de jouir des prérogatives attachées à leurs titres, leur fait-elle trouver une sorte de jouissance à ces étiquettes désagréables; mais Charlotte parvenue à ce rang à un âge où les habitudes sont prises, où fière de mon sang je savais que je n'avais de déférence à attendre que celle de la politesse, j'ai éprouvé un ennui bien réel.

Cependant, si j'avais eu dix ans de moins, je crois que j'aurais reçu tout cela avec plus de plaisir : la jeunesse aime l'éclat, je ne suis plus jeune, et une éducation sédentaire et sérieuse a devancé pour moi l'âge des réflexions et celui où les prestiges attachés aux sensations des premiers ans se dissipent.

Je recevais avec reconnaissance ces marques de respect, que je reportais au roi de France et à mon père. Je sens que je m'y accoutumerai : l'on prend rapidement l'habitude des grandeurs, surtout lorsqu'on se sent né pour elles.

On m'a rendu en Savoie les mêmes honneurs qu'en France. La maison royale de Sardaigne est alliée des *Stuard*, et pourrait réclamer le trône d'Angleterre, après eux, avec plus de droit que les *Brunswick*, qui l'occupent aujourd'hui (*).

Je m'avance lentement, à travers la belle Italie, vers Florence, où je dois trouver le roi mon père; mais, hélas! en me rapprochant de lui, je m'éloigne de ma mère et de toi! Ah! si je ne suis sa fille qu'aux yeux du monde, si je n'obtiens ni confiance ni amitié, s'il n'a point pour moi cette touchante tendresse qu'il

―――――――――――

(*) Henriette d'Angleterre, fille de Charles Ier et sœur des rois Charles II et Jacques II, eut de Monsieur, frère de Louis XIV, deux filles: la première, reine d'Espagne, morte sans postérité; la seconde, Anne d'Orléans, reine de Sardaigne, femme de Victor-Amédée II, morte en 1728. De cette princesse descendent les princes de la maison de Savoie et ceux de la maison de France.

me montra jadis à Meaux, s'il croit que l'éclat qui m'environne peut me dédommager de vivre comme une fille tendre avec son père; qu'il me rende mon obscurité et ma mère !

~~~~~~~~~~~~~~~~~~~~~~~~~~~~~~~~~~~~~~

Florence, 17...

Les journaux t'auront donné des détails sur mon arrivée ici, mais je crois que tu préféreras les miens. A deux heures de l'après-midi, je me suis mise en marche pour faire mon entrée à Florence; tout était préparé. Ma suite nombreuse et brillante, composée de seigneurs de la cour du roi mon père et de celle du grand-duc, les ambassadeurs et les gentils-hommes

hommes français, espagnols, sardes, romains, modénais qui se trouvent dans cette ville, m'environnaient tous dans d'élégantes voitures, ou à cheval; un peuple immense bordait les chemins à plus d'une lieue; et la beauté du ciel d'Italie, la verdure et les fleurs qui parent cette belle contrée, donnaient à ce jour un air de triomphe et de fête.

A une certaine distance, on m'a avertie que l'on voyait la voiture du roi qui daignait venir au-devant de moi. Je descendis de la mienne et marchai, le cœur palpitant et les yeux obscurcis de larmes. On avertit S. M. que j'étais descendue; elle fit de même et s'avança rapidement. Lorsque je fus très-près, je me jetai à genoux; il me releva avec bonté, en disant : *C'est dans mes bras, c'est dans mon cœur qu'est votre vraie place.* Il m'embrassa tendrement. Nous confondions nos larmes, nous restions dans les bras l'un de l'autre sans prononcer autre chose que ces mots : Ma fille ! ma Charlotte !...... Je vous revois, ô mon bien aimé père !..... Les spectateurs de cette scène attendrissante, y mêlaient leurs pleurs et leurs vœux pour nous.

Ces premiers instans passés, le roi se retournant avec dignité vers les seigneurs et ambassadeurs qui l'entouraient : Cette aimable personne, dit-il, est ma fille Charlotte Stuard, duchesse d'Albany, seule héritière des couronnes de la Grande-Bretagne. En achevant ces paroles, il me présenta la main pour monter dans sa voiture, et nous arrivâmes au palais avec notre cortége. Là, je reçus tous les hommages de la cour; mais surtout avec plaisir ceux du brave et fidèle Sullivan.

– Le roi a été satisfait de mes manières avec sa cour et celle du grand-duc. Il est ravi de me revoir; mais la méfiance qu'il a contractée depuis si long-temps, s'étend jusqu'à moi : je l'ai déjà remarquée. Il me comble de bontés, de caresses affectueuses; il a prononcé deux fois, en soupirant et en détournant la tête, le nom de ma mère. Je lui en ai parlé, il m'a écouté attentivement; mais sans réponse.

Hier, j'avais sur l'un de mes bracelets le portrait très-ressemblant de mon incomparable mère; il l'a regardé, je l'ai détaché dans l'intention de le lui offrir; il a deviné ma pensée, et a tiré de son sein des tablettes, les a ouvertes, m'a fixée, a hésité. J'y ai jeté un furtif regard; c'étaient les traits de ma mère et les miens. J'eusse désiré qu'il me les montrât; mais il a refermé les tablettes et est sorti brusquement. Le reste du jour, sa froideur extrême avec moi m'a montré qu'il voulait en quelque sorte me punir d'avoir été près de lui dérober son secret et sa confiance. Père chéri! combien ce cœur si franc a dû souffrir pour se replier ainsi dans lui-même?

Devant toute sa cour, S. M. m'a présenté un écrin magnifique, reste de notre ancienne splendeur. J'ai une maison telle que je dois l'avoir; j'habite de vastes appartemens dans le même palais que mon père; mais je n'ai eu jusqu'à présent nul entretien particulier avec lui. Il ne me voit qu'en cérémonie, et avec une étiquette aussi froide que gênante. Si je dois passer ainsi le reste de mes jours, ô mon obscurité! que je vous regretterai!......

Florence, 17..,

Le roi a été un peu malade; je me suis enfermée dans ses appartemens pour le soigner et le distraire. Habitué depuis tant d'années à des soins de pure bienséance, il m'a priée de retourner chez moi; mais à ma réponse pleine d'inquiétude et de tendresse, à mes vives instances, dont il a reconnu la vérité, il s'est attendri; son cœur, si long-temps fermé à un sentiment expansif, s'y est livré; il m'a tendu les bras avec une expression que je n'avais point encore vue sur ses nobles traits.

Ma Charlotte, m'a-t-il dit, ma fille chérie, me rendras-tu le bonheur que j'ai goûté dans la confiance de ta mère, comme tu me rends ses traits et son esprit ? Je l'avoue, a-t-il repris, après m'avoir tendrement embrassée, j'ai craint qu'étant élevée loin de moi, tu n'aies qu'un sentiment de reconnaissance plutôt que d'amour pour ton père. Ma fille bien-aimée, ce n'est pas dans notre rang que les enfans font le bonheur intérieur des pères, ils en sont le soutien, l'honneur, quelquefois le tourment; la gravité du trône se mêle trop souvent à la tendresse paternelle. Je n'ai jamais été que le *prince de Galles* pour mon père, et il n'a été que le *roi* à mon égard, nulle confiance, d'aucun genre, n'a existé entre nous. Mon frère seul a été mon ami ; mais depuis que je t'ai près de moi, tout commerce, même de pure bienséance, a cessé entre nous, et, je te l'avoue, cet isolement où je me voyais (car je ne comptais nullement sur toi.), cet isolement, dis-je, a été la cause de l'état où je suis.

Un attendrissement mutuel succéda à cette tendre explication, et les entretiens longs et fréquens qui ont suivi, ont été aussi doux que confians. Tu juges du bonheur que me fait éprouver un changement si inespéré et si ardemment désiré. Je veux que mon père n'ait qu'à se louer de la tendresse qu'il m'a prouvée. J'ai pris toutes mes mesures à l'égard de mon oncle, le cardinal d'Yorck. Je te manderai si je réussi dans le projet pour lequel je fais des vœux.

~~~~~~~~~~~~~~~~~~~~~~~~~~~~~~~~~~~

Florence, 17..,

J'ai écrit au cardinal; je lui ai parlé de l'état de son frère et du désir que j'avais de lui offrir mes respects. Sa première réponse a été très-froide; j'ai récrit avec plus d'étendue, et S. E., touchée de cette lettre, y a répondu avec une politesse plus vraie. Enfin, après une correspondance assez longue, il a quitté Rome pour venir ici.

Le roi, encore souffrant, l'a reçu dans ses appartemens avec une extrême joie. Le cardinal ne lui a point caché que c'était à moi qu'ils devaient d'être réunis; mais que malgré l'idée très-différente qu'il avait prise de la duchesse d'Albany, il ne désirait la voir que sous ce titre, et non comme sa nièce, et qu'il blâmerait toujours S. M. de m'avoir reconnue.

Mon père, qui a une haute idée de sa Charlotte, ne lui a demandé que de me juger sans prévention.

Peu après, il m'a fait avertir. En entrant, j'aperçus le cardinal et je courus me jeter à ses pieds, en le remerciant de s'être rendu à mes instances et lui demandant ses bontés. J'ai mis dans cette action, une grande énergie, désirant passionément ma réunion avec ma royale famille. Il m'a relevée avec émotion. Madame, m'a-t-il dit, le roi mon frère m'a beaucoup parlé en votre faveur, mais votre seule vue en dit encore davantage; je ne doute pas que l'âme et le cœur ne répondent à tant de grâces.

Il me parut, d'après sa physionomie, plus encore que par ses paroles, que je lui plaisais; mais il ne cessa de me nommer Madame la duchesse d'Albany, et jamais sa nièce,

Je vis qu'il me sondait sur mille choses importantes, proposant des questions délicates à résoudre en ma présence, m'en laissant la décision, et n'exprimant son approbation que par un sourire équivoque, qui me laissait souvent douter que j'eusse réussi. Quelques temps se passèrent ainsi.

Un matin, j'étais dans le cabinet du roi, S. E. entra. Sire, dit-elle, j'espère que vous voudrez bien ratifier l'acte que je viens de faire et qui reconnaît S. A. R. Charlotte Stuard pour ma nièce, mon héritière et celle de la Grande-Bretagne. Vous avez fait vous-même une pareille reconnaissance, la tendresse du sang

parlait

parlait dans votre cœur; mais c'est à elle seule qu'elle doit ici sa victoire; et il m'embrassa tendrement en me nommant sa chère, son adorable nièce.

Je suis égoïste dans ce que je fais, reprit-il avec un sourire; car je ne reconnais ma nièce que pour avoir la douceur de l'aimer, d'en être aimé et de vivre avec elle le plus possible, soit à Rome, soit ici. Madame, ajouta-t-il en se retournant vers moi, y consentez-vous? et aurez-vous pour votre oncle quelques-uns des sentimens que vous montrez d'une manière si touchante pour son frère? Tu peux juger si je l'en assurai, et avec quelle vérité!

X

Heureuse et réellement heureuse, puisque je contribue au bonheur de deux personnes si chères, j'ai voulu que tu partageasses ma satisfaction qui, tu le sais, ne pouvait être entière qu'étant aimée de ma noble famille. Il fallait à celle qui a quitté et qui regrette une mère adorée et la plus tendre amie, un peu d'amitié pour supporter la vie.

~~~~~~~~~~~~~~~~~~~~~~~~~~~~~~~~~~

Rome, 17..,

Le roi et mon oncle m'ont parlé avec confiance de leurs espérances, et m'ont proposé pour époux un prince de la maison d'Espagne. J'ai demandé plusieurs jours pour réfléchir, et après avoir mûrement pensé à cette importante proposition, voici qu'elle a été ma réponse : J'ai supplié le roi et S. E. de vouloir bien me pardonner si je refusais tout établissement et si je désirais me consacrer entièrement à les aimer et à leur rendre mes soins; mais que le nom de Stuard, après tant de siècles d'infortunes, sans exemple, devait finir avec moi.

Mon père, repris-je, vous-même n'avez-vous pas répété souvent : *Six siècles de malheurs sont assez; je ne donnerai point la vie à des Stuard?* Vous me permettrez d'avoir une conduite conforme à ces idées. Je n'irai point porter dans une famille étrangère des droits légitimés, qui peut-être seraient pour mes enfans un sanglant héritage. Ma vie a été calme jusqu'ici ; ah ! qu'elle s'écoule ainsi près de vous : c'est mon vœu le plus ardent.

Les *Stuard* s'éteindront, il est vrai, mais ils laisseront à la postérité un nom à jamais entouré de souvenirs douloureux et honorables, que rien n'aura entaché, qui aura toujours été pur dans l'adversité comme dans l'éclat de la pourpre et du trône.

Le roi, qui a toujours pensé ce que je venais d'exprimer, se rendit sans peine à mes instances. Le cardinal fut plus lent à y donner son assentiment : né, comme son père Jacques III, avec un esprit peu étendu; il voit le brillant d'une proposition, mais ne la sonde pas assez pour en connaître les inconvéniens. Son caractère a quelque chose d'inquiet et d'ambitieux ; ses idées, ses espérances se rapportent toujours personnellement à lui. L'amabilité de son esprit empêche de le juger lorsqu'on le voit peu; mais, dans l'intimité, il laisse échapper involontairement des mots qui donnent la clef de ses vrais desseins. Lorsqu'il m'a dit qu'il m'aimait par *égoïsme*, je crois qu'il dévoilait le fond de sa pensée.

Julie, ma chère Julie, silence sur ce que j'ose écrire; ma plume a été trop rapidement. Si ce n'était à une amie confiante et discrète que ces lignes fussent adressées, je ne les enverrais pas.

~~~~~~~~~~~~~~~~~~~~~~~~~~~~~~~~~~~~~~

Rome, 17..

Grâce à ma fermeté, l'affaire du mariage avec le prince espagnol est entièrement rompue; je reste libre de ma main, et elle le sera toujours. Je ne veux point connaître de sentiment exclusif; une indifférence calme me convient et me plaît. J'ai toujours craint la réalité de ces vers (*):

La vie entière a peine à reproduire
La paix du cœur, qu'un seul instant détruit.

Consacrer mes jours à l'amitié, à la tendresse filiale, n'est-ce pas là

_____

(*) Le gentil Bernard.

un partage assez beau ? J'ai rencontré dans le monde des personnes aimables qui m'auraient plu si j'avais été leur égale ; mais ne pouvant, dans ma très-grande jeunesse, contracter d'union digne de moi, j'y avais renoncé. A présent je fais plus : je renonce à tout établissement ; et en te rappelant de quel sang j'ai été formée, quelle fatalité y est attachée......, tu penseras comme moi.

Nota. Depuis cette lettre, la correspondance de la duchesse d'Albany, qui continua toujours avec régularité et confiance, ne contenait que peu ou point de faits intéressans, et rien de relatif à son histoire. Ce qui y a rapport recommence en 1788, ainsi qu'il suit :

Florence, 1788.

Je n'ai pu, ma tendre amie, t'écrire dans les premiers momens de ma juste affliction. Le roi mon père n'est plus!...... C'est dans mes bras qu'il a terminé une vie qui n'a été qu'un long enchaînement de malheurs; il l'a quittée sans regrets, n'ayant que celui de se séparer de moi.

Tu connaissais ma tendre vénération, ma reconnaissance et mon amour pour lui. Il m'avait comblée de bontés; j'étais son amie, sa confidente; aussi le regretterai-je toujours comme un ami et un père.

Cette cruelle défiance, dont je

craignais les effets dans les premiers temps de mon séjour à Florence, avait fait place au plus vrai, au plus expressif des sentimens; il ne me cachait aucun des replis de son âme; sa vie entière, les plaisirs ou les peines qui l'avaient tour à tour agitée, m'étaient connus.

Nous parlions souvent de ma mère. Il a vivement regretté de n'avoir pu lui rendre ses droits aux yeux de l'Europe, et réparer, par les plus purs hommages, non ses injustices, mais celles de son père. L'existence de la princesse de *Stolberg* s'est opposée à ce que mon intéressante et vertueuse mère ait pu recueillir les preuves de la tendre estime dont le roi était animé pour elle. Nous ne pouvons pas même pleurer ensemble ce père, cet époux chéri! Ses larmes vont couler ; eh! du moins, elle aura sa seconde fille pour les essuyer! Julie, tu la consoleras. Êtres chéris, serez-vous toujours séparés de Charlotte !......

~~~~~~

Rome, 20 juin 1790.

Les mouvemens violens qui agitent la France m'inquiètent pour toi, ma chère amie, et pour ma mère. Je vous offre à toutes deux le même asile. Que je me trouverais heureuse, si vous l'acceptez l'une et l'autre! Si je pouvais avoir près de moi ma mère et mon amie, que me monquerait-il?......

J'ai plus besoin que jamais de soins et d'amis; depuis la petite vérole que j'ai eue très-légère, comme je te l'ai mandé, j'éprouve un malaise général, et les douces consolations de l'amitié me seraient nécessaires.

On m'a ordonné, pour me distraire, quelques voyages. Bologne, si fameuse par sa faculté de médecine, en est le but; là, j'espère trouver du soulagement.

Depuis que j'ai le vague espoir de revoir tout ce qui m'est cher, j'envisage les suites de l'état où je suis avec plus de crainte. Larochefoucault, qui sondait le cœur de l'homme, dit *que l'on ne peut regarder fixement ni le soleil, ni la mort.*

Ne t'afflige point à cette triste pensée, le sort de tous les hommes n'est-il pas le même ?

<blockquote>
Rien n'est si borné que notre être ;
Celui qui vit, ayant été
Une éternité sans paraître,
Disparaîtra bientôt pour une éternité (*).
</blockquote>

Pourquoi désirerais-je une longue existence? le charme n'en est attaché qu'à celle de ma mère et à la tienne. Si ma carrière se prolonge, nul ami ne versera des pleurs sur ma tombe, et je m'éteindrai entourée d'indifférens : triste perspective pour celle dont l'âme aimante

---

(*) M.lle Serment.

ne vit le bonheur que dans l'amitié.

Écris-moi à Bologne; si tu pouvais m'y venir rejoindre, que je serais heureuse! mais, hélas! je ne le serais qu'au dépens du repos de la France et du tien.

~~~~~~~~~~~~~~~~~~~~~~~~~~~~~~~

Bologne, 25 novembre 1790.

Je suis à Bologne, et là comme partout je me trouve souffrante. On me parle de dépôt, d'opération, de remèdes très-longs : je me suis décidée à tout. Mon oncle, qui m'accompagne, a beaucoup contribué à m'y déterminer. Peut-être serai-je guérie, soulagée !...... peut-être aussi,..... mais remettons tout à la providence.

Julie, je suis fâchée que tu n'aies pu trouver à faire l'achat dont je t'avais parlé. Cette preuve de mon attachement pour ton fils et pour toi, eût existé ;...... je sens tes raisons : la France n'est point calme, et ce n'est pas le moment. Mais, fragiles créatures qui ne pouvons disposer d'une seconde, nous remettons à des années; eh ! le temps est-il donc à nous ?

J'eusse vivement désiré que ma mère se rendît près de moi, et j'aurais cette satisfaction si je voyageais seule. Quelle douceur que celle de me retrouver dans ses bras, de pouvoir soulager mon cœur que mille pensées accablent! Dans quel état précaire vais-je peut-être laisser la plus héroïque des femmes et des mères! Elle est décidée à passer en Italie au printemps prochain, et elle vivra à Rome sous un nom supposé. N'étant point connue du cardinal, cet arrangement est facile; car, malgré l'intérêt qu'il me témoigne, sa fierté bizarre n'a point encore pardonné à lady Anna C.... d'avoir osé mêler son sang à celui des Stuard.

Ces espérances me soutiennent; mais, hélas! elles n'auront leur accomplissement que dans six mois! Et toi aussi, tu me fais espérer que tu n'auras de refuge, en quittant la France, que dans mes bras; serai-je assez aimée du ciel, pour voir s'accomplir une si délicieuse réunion!

Je ne sais, mais une sorte de tristesse secrète me poursuit : elle est peut-être une suite de l'état de souffrance où je suis. J'ai des pressentimens que toute ma raison ne peut vaincre : si cette opération ne réussissait point! si je cessais d'exister avant d'avoir revu ma mère et ma seule amie, si telle était ma destinée, reçois, Julie, reçois mes tendres et derniers adieux! Personne n'a été plus chère que toi à

Charlotte STUARD.

Les pressentimens de la princesse ne se vérifièrent que trop : elle mourut avec une résignation et un courage héroïques, dans l'opération qu'on lui fit trop tard d'un dépôt au côté droit, le 2 décembre 1790, sans avoir revu ni sa mère ni la marquise de P...... son amie, qui se disposaient à l'aller rejoindre l'une et l'autre ; mais une Stuard pouvait-elle espérer de voir ses vœux réalisés !...... Avec elle s'éteignit la branche directe et légitime qui donna cinq rois et une reine à l'Écosse, quatre rois et deux reines à l'Angleterre, où elle règne encore par les femmes.

Il y avait cent deux ans que Jacques II avait été détrôné, lorsque son arrière-petite-fille mourut sur une terre étrangère.

Son oncle, le cardinal d'Yorck, qui fut son héritier, mourut en 1808, extrêmement âgé. Il n'eut point pour la comtesse d'Albestrophe les égards qu'elle méritait à tant de titres, et que sa malheureuse fille l'avait supplié, en mourant, de lui accorder. La duchesse d'Albany ne fut point maîtresse de ses dernières volontés, et son oncle a eu à cet égard des remords à éprouver.

La comtesse d'Albestrophe émigra en Suisse, et n'eut de consolations que celles de regretter et de pleurer Charlotte avec son unique amie la marquise de P......, qui avait passé à Fribourg en 1791. Rentrée en France en 1800, elle écrivit à la comtesse, qui lui témoigna dans ses réponses le désir d'y revenir. Madame de P...... s'en occupa, et s'étant établie en Auvergne, dans une terre qu'elle y retrouva, elle proposa à la mère de la duchesse d'Albany de s'y retirer avec elle et son fils; la comtesse accepta, heureuse de finir ses jours près d'une amie tendre et attentive, et de pouvoir parler de son aimable fille.

Toutes les mesures pour l'arrivée de la comtesse en Auvergne, étaient prises; elle avait fixé à la marquise de P...... le temps de son départ pour la France, mais un silence trop prolongé inquiéta cette dernière; elle écrivit en Suisse, et apprit que Madame d'Albestrophe avait cessé d'exister en 1802, à Fribourg, où elle avait toujours été très-respectée, et où on la désignait sous le nom de *Reine d'Angleterre*, quelques soins qu'elle eût pris pour cacher ce qu'elle avait été, ou plutôt ce qu'elle aurait dû être.

FIN.

ERRATA.

Page 7, ligne 11, grâcieuse, *lisez :* gracieuse.

Page 8, ligne 8, l'air d'une reine ou d'une nymphe, *lisez :* d'une reine et d'une nymphe.

Page 14, ligne 18, que lui inspirait, *lisez :* que lui inspiraient.

Page 21, ligne 10, Henri IV ou les *Stuard*, si connus, *lisez :* Henri IV, ou les *Stuard* si connus.

Page 34, ligne 15, que l'on nomme *claus*, *lisez :* que l'on nomme *clans*.

Page 35, ligne 18, fille de lord Loval, *lisez :* fille de lord Lovat.

Page 36, ligne 15, les montagnards du *claus*, *lisez :* les montagnards du *clans*.

Page 44, ligne 14, en nous opposant de murs épais, *lisez :* en nous opposant des murs épais.

Page 57, ligne 16, la raison qui me les avaient fait prendre, *lisez :* la raison qui me les avait fait prendre.

Page 61, ligne 7, qu se grossissait, *lisez :* qui se grossissait.

Page 100, ligne 15, Sulhivan parut, *lisez:* Sullivan parut.

Page 111, ligne 4, au fort auguste, *lisez:* au Fort-Auguste.

Page 133, ligne 3, des ailes; je retrouverai, *lisez:* des ailes, je retrouverai.

Page 155, ligne 3, *de Stolbergt*, lisez : *de Stolberg.*

Page 164, ligne 2, réussitté de ses desseins, *lisez :* réussite de ses desseins.

Page 168, ligne 4, *de Stolbergt*, lisez : *de Stolberg.*

Page 179, ligne 11, les âmes rêveuse et sensible, *lisez,* les âmes rêveuses et sensibles.

Page 181, ligne 12, leurs charmes, *lisez:* ses charmes.

Page 198, ligne 12, je ne veux qu'être, *lisez :* je ne veux être que.

Page 237, ligne 4, si je réussi, *lisez,* si je réussis.

Page 245, lignes 12 et 13, de ses vrais dessein, *lisez :* de ses vrais desseins.

www.ingramcontent.com/pod-product-compliance
Lightning Source LLC
Chambersburg PA
CBHW050349170426
43200CB00009BA/1796